知識ゼロからの

教会入門

船本弘毅

An Introduction
to the Church

幻冬舎

知識ゼロからの
教会入門

はじめに

世界各地を訪ねると、街の中心や大通りに建っている教会堂や聖堂が目にとまります。とくにヨーロッパには教会堂や聖堂を中心につくられたと思われる街が多く、その壮麗さにしばしば驚かされます。

キリスト教において、教会堂や聖堂は大きな意味をもっています。それは旧約聖書の創世記に記されている「ノアの洪水物語」のエピソードからもうかがい知ることができます。

その物語によると、大洪水によって地の面にいた生き物はすべて流されてしまいましたが、神の言葉に従って箱船をつくり、それに乗ったノアとその家族、動物や鳥たちは助けられました。やがて水が引き、ようやく箱船から出ることができたとき、ノアたちは何よりも先に、神のために祭壇を築きました。礼拝する場所をつくり、神に感謝の祈りを捧《ささ》げたのです。

教会堂や聖堂は神に祈るための場所ですから、ノアの行為はその重要性を象徴するものといえるでしょう。

もう一つ、こんなエピソードもあります。最初期のキリスト教徒はローマ帝国から迫害を受け、多くの生命が失われましたが、彼らは決して信仰を捨てませんでした。信仰を守り通すことができたのは、地下の墓地（カタコンベ）などにひそかに集まり、ともに祈りを捧げて結束を強めたからでした。

やがてキリスト教徒は地上でも集会を開けるようになり、教会堂や聖堂を建てるようになります。はじめはシンプルなつくりでしたが、時がたつにつれて豪華な装飾を施したものも生まれました。

もちろん、キリスト教信仰では、神が教会堂や聖堂のなかに存在し、礼拝に集まる者だけを助けてくれるとは考えていません。神は時と場所を超えて、すべての人々に働きかけてくれます。しかし教会堂や聖堂は、神を礼拝し、信仰者の交わりを深めるための、かけがえのない場所なのです。

教会堂や聖堂は、信仰上の意味合いを抜きにしても、さまざまな魅力にあふれています。時代とともに変わる造形、美しい装飾品、豊かな歴史……。本書は教会堂や聖堂にまつわるあらゆる情報を集約し、写真を交えてわかりやすく解説しています。海外旅行で教会堂や聖堂を訪れたとき、見どころがよくわからないという人がいますが、そうした人たちに読んでいただきたい一冊です。

本書が教会堂・聖堂に関する知識を提供し、信仰の深みを理解する一助となることを心から願っています。

船本弘毅

目次

Chapter 2 教会によくある建物を知る

Chapter 3 一度は訪れたい世界の教会・大聖堂14選

Chapter 4
魅力あふれる世界の教会・大聖堂

Introduction

そもそも教会とは何か？

キリスト教の教会は世界各地にあるが、教会とはそもそも何なのか。本編に入る前に、まずは教会がどんな空間なのかを知っておこう。

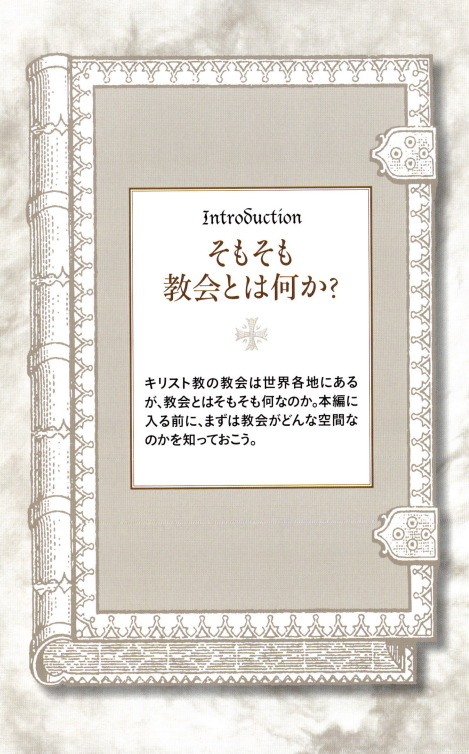

教会とは何か？

教会は聖なる場所

人々が祈り、交わりを深める活動拠点

教会の役割

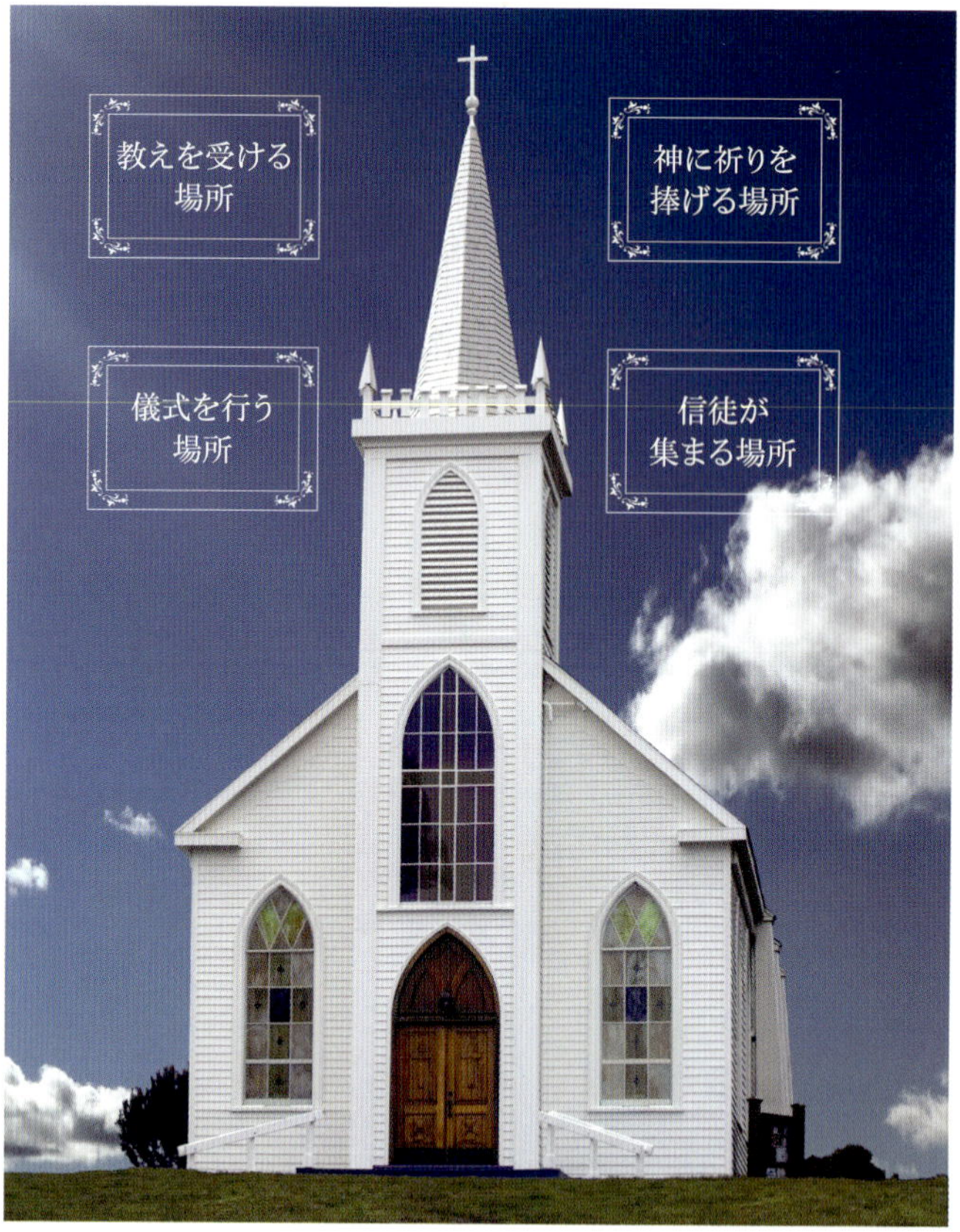

かつては墓地が教会だった

ほとんどの宗教は、活動の拠点となる場所をもっている。仏教では「お寺」、イスラム教では「モスク」、キリスト教では「教会」と呼ばれている場所だ。

キリスト教の成立当初、信徒たちはローマ帝国による迫害を受けていたため、自分たちの私邸や地下の共同墓地（カタコンベ）に集まって祈りを捧げていた。しかし313年のミラノ勅令でキリスト教が公認されると、教会堂が建設されはじめ、信徒たちはそこで礼拝や儀式を行うようになった。

そもそもキリスト教では、どこにで

✝教会の変化

キリスト教が成立してまもない迫害の時代には、地下の共同墓地（カタコンベ）が信徒たちの集会場となっていた

ミラノ大聖堂（イタリア）

聖ヴァシーリー大聖堂（ロシア）

キリスト教が公認されると教会堂が建設されはじめ、次第に大きく、華麗になっていく

も神がいると考えられており、教会堂に行かなければ神に会えないわけではない。しかし、信徒たちが互いに交わりを深めるためにも教会が必要とされ、教会堂が建てられたのである。

KEYWORD

教会・教会堂・大聖堂・寺院の違いとは？

日本ではキリスト教徒の礼拝用の建物を指して「教会」という人が多いが、本来は建物と信徒の集いを含めたものを教会という。礼拝用の建物だけを指す場合は「教会堂」（カトリックや東方正教では「聖堂」）というのが正しい。また、その教区をまとめる司教の座がある教会を「大聖堂」というが、日本語に翻訳された時期によっては大聖堂ではなく「寺院」と呼ぶこともある。

美しさの秘密
神を礼拝する場所だから、教会は美しい!

汚れた教会はNG

キリスト教徒が祈りを捧げる教会（教会堂・聖堂）は、外観・内観とも荘厳かつ美しいものが多い。

壁が大理石でつくられていたり、バラの花のような形の円窓がしつらえられたりするなど、教会堂の壮麗な外観は多くの人々の目を惹《ひ》きつける。

外観だけでなく、内部の装飾にも目を見張るものがある。色鮮やかな空間を演出するステンドグラス、神聖な雰囲気をつくり出す聖人の像や絵画。こうした装飾のなかには芸術作品として高く評価されるものも少なくない。

いったいなぜ、教会堂はこれほど魅力的なつくりになっているのだろうか。

その理由は大きく二つある。一つは、教会堂は神を礼拝する場所だからだ。教会堂で、信徒は神と向き合い、祈りを捧げる。その信仰が神に祈る場にふさわしい空間をつくり出したのである。

もう一つは布教活動の拠点だからだ。一般の人々を感化するには、その心に感動を与え、神の存在を感じられるような空間が必要となる。

これら二つの理由から、教会堂を建設する際には常に最高水準の資金と労力が用いられ、美しい教会堂がつくられたのだ。

COLUMN
世界の宗教信者人口

教会堂が美しいから、というわけでもないだろうが、現在世界で最も信者が多い宗教はキリスト教だ。キリスト教徒の総数は22億人超。つまり、世界人口の約3分の1はキリスト教徒ということになる。

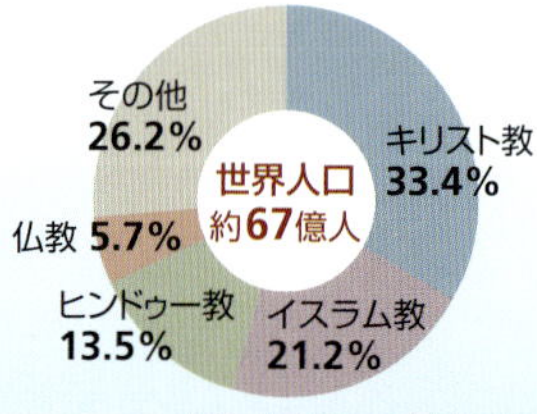

出所：『ブリタニカ国際年鑑』など

教会が美しい二つの理由

理由１　神を礼拝する場所だから

教会堂は信徒と神が向き合い、祈りを捧げる場所。汚れた空間は、神に祈る場としてふさわしいとはいえない

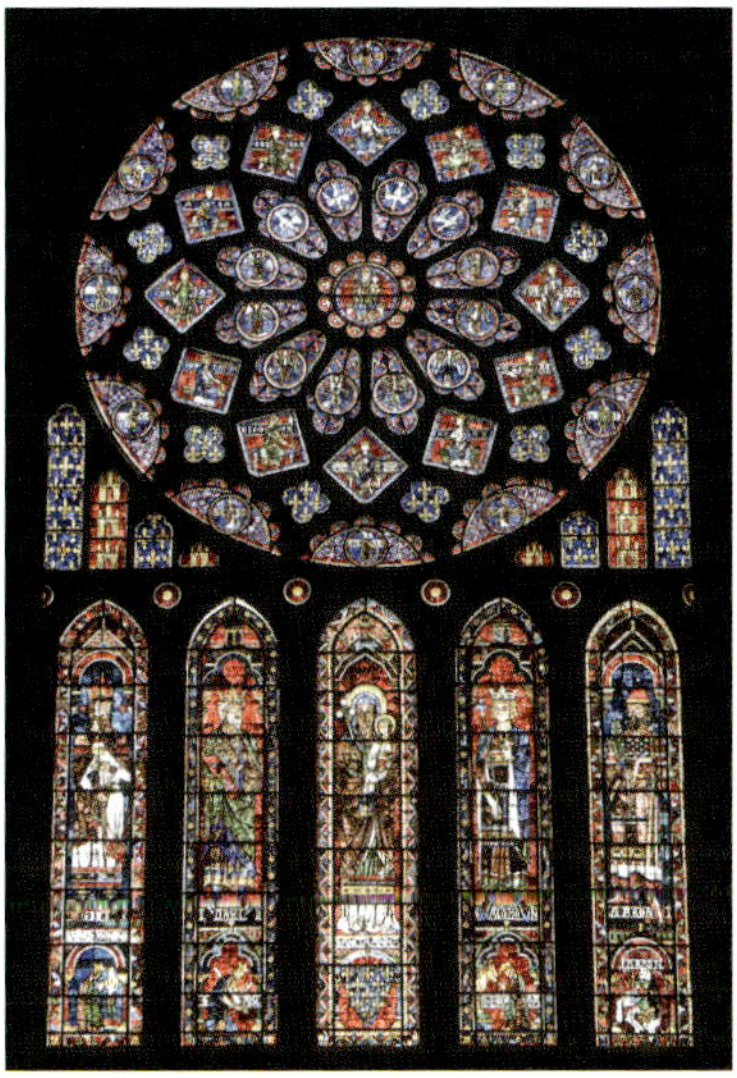

ライトアップされたケルン大聖堂［左］と、シャルトル大聖堂のステンドグラス［右］。多くの教会堂は、外観も内部の装飾も非常に美しくデザインされている

理由２　布教活動の拠点だから

教会堂は布教活動の拠点でもある。それゆえ一般の人々に感動を与え、神を感じられるような空間でなければならない

南北アメリカ

62 カテドラル・メトロポリターナ
63 サン・フランシスコ教会
64 サン・フランシスコ・デ・アシス教会
65 聖ジェローム教会
66 バレンシアーナ聖堂

ヨーロッパ・中東・アフリカ

1 ウエストミンスター寺院
2 ウスペンスキー大聖堂
3 ウルム大聖堂
4 オビスポ・デ・マドリード教会
5 カッパドキアの岩窟教会
6 ガッラ・プラキディア廟
7 カンタベリー大聖堂
8 ケルン大聖堂
9 コーラ修道院
10 サグラダ・ファミリア
11 サン・アンドレア・アル・クイリナーレ教会
12 サン・カルロ・アッレ・クアトロ・フォンターネ聖堂
13 サン・シュルピス教会
14 サン・ジョルジョ・マッジョーレ聖堂
15 サンタ・コンスタンツァ教会
16 サンタ・マリア・デル・フィオーレ大聖堂
17 サンタ・マリア・ノヴェッラ教会
18 サンタ・マリア・マッジョーレ大聖堂
19 サンティアゴ・デ・コンポステーラ大聖堂
20 サンティニャーツィオ聖堂
21 サント・シャペル
22 サン・マルコ寺院
23 サン・ヴィターレ聖堂
24 サン・ピエトロ大聖堂
25 システィーナ礼拝堂
26 シャルトル大聖堂
27 シュテファン大聖堂
28 シュパイヤー大聖堂
29 スチェヴィツァ修道院
30 聖ギオルギス教会
31 聖ソフィア大聖堂
32 聖誕教会
33 聖ヴァシーリー大聖堂
34 聖ヴィート大聖堂
35 聖墳墓教会
36 聖ペテロ・パウロ教会
37 聖母教会
38 聖ヨハネ大聖堂
39 血の上の救世主教会
40 ドミニカ教会
41 ネオニアーノ洗礼堂
42 ノートルダム大聖堂
43 ハギア・ソフィア聖堂
44 ハギア・ソフィア大聖堂
45 ピサ大聖堂
46 ブルーダー・クラウス・フィールド・チャペル
47 プレオブラジェンスカヤ教会
48 丸い教会
49 ミラノ大聖堂
50 メス大聖堂
51 ロンシャンの礼拝堂

✝世界の教会マップ
※本書に登場する教会

Tea time 教会をより深く理解するために……

イエス・キリストってどんな人？

イエスは言わずと知れたキリスト教の祖である。紀元前４年頃、中東・パレスチナの地で聖霊によって子を宿したマリアから生まれ、30歳頃から伝道活動を開始した。

イエスは当時のユダヤ教の指導者たちに批判的で、神の愛による救いを人々に説いてまわった。そのため、イエスはユダヤ教の指導者たちの怒りを買ってしまい、十字架に磔《はりつけ》にされて息絶え、墓に葬られた。だがその３日後、死から復活し、やがて弟子たちの前で天に昇ったのである。

これ以降、イエスは「イエス・キリスト」と呼ばれるようになる。キリストとはヘブライ語の「救世主（メシア）」をギリシア語に訳したもの。イエスはみずから犠牲となって十字架にかけられ、人類の罪を贖《あがな》った。それゆえ真の救世主とみなされるようになったのである。

イエスは磔刑《たっけい》によって人類の罪を贖い、救世主（メシア＝キリスト）とみなされるようになった

Chapter 1

建築様式で学ぶ教会の基本

教会と一口にいっても、その形はじつに多様で複雑だ。そんな教会も建築様式のパターンをいくつか知れば、たちどころに理解が進む。

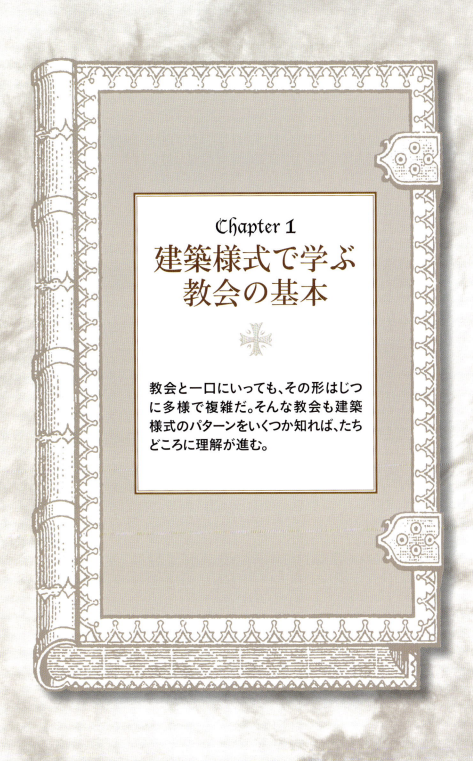

教会堂の種類

教会建築の変遷
教会堂の形は時代とともに変化してきた

4～7世紀	5世紀	11世紀
初期キリスト教	ビザンティン	ロマネスク

分裂　影響　直系

初期キリスト教

ローマ帝国の建築技術を参考に生み出された様式。バシリカ式［上］と集中式［下］がある

サンタ・マリア・マッジョーレ大聖堂

サンタ・コスタンツァ教会

ビザンティン

バシリカ式・集中式が東ローマ帝国で発展して生まれた様式。ドーム屋根を頂くのが特徴

ハギア・ソフィア大聖堂

サン・マルコ寺院

ロマネスク

ローマ的伝統から逸脱する流れのなかで誕生。天井や外壁などに半円形アーチが多用される

ピサ大聖堂

シュパイヤー大聖堂

教会建築をタイプ分け

教会堂の建築様式は、時代や地域によっていくつかのタイプに分類できる。

最初期の建築様式は「初期キリスト教様式」と呼ばれる。ローマ帝国の建築技術を参考に生み出された様式で、列柱で区切られた長い身廊が特徴の「バシリカ式」と、中央にドーム形の屋根を頂く「集中式」がある。

その後、ローマ帝国が東西に分裂すると、東ローマ（ビザンティン）帝国ではローマ建築を継承する「ビザンティン様式」が発展した。これはバシリカ式建築の上に集中式のドーム屋根を

12世紀

ゴシック

ロマネスク直系の様式。空高くそびえる尖塔、高い天井、大きな窓が特徴

ケルン大聖堂

ミラノ大聖堂

14世紀～

ルネサンス

ギリシア・ローマの伝統に立ち返ろうとする流れのなかで生まれた様式。調和の美を重んじる

サンタ・マリア・デル・フィオーレ大聖堂

サンタ・マリア・ノヴェッラ教会

17世紀～

バロック

ルネサンスなどの古典主義への反動から生まれた様式。力強く動的な表現、内装の豪華さが特徴

サン・カルロ・アッレ・クアトロ・フォンターネ聖堂

サン・アンドレア・アル・クイリナーレ教会

近現代

モダニズムなど

新古典主義、ゴシックリバイバル［上］、モダニズム［下］などがあらわれた

サグラダ・ファミリア

ロンシャンの礼拝堂

直系　直系　直系

載せた様式で、帝国滅亡後も東方正教の建築に受け継がれた。

一方、西ヨーロッパでは中世にローマ建築の流れから逸脱するものが発生。新たに覇権を握ったゲルマン民族の支配下で、半円形アーチが多用される「ロマネスク様式」と、高い尖塔《せんとう》が特徴の「ゴシック様式」が展開した。

さらに近世に入ると、古代ギリシア・ローマの伝統に立ち返ろうとする流れが発生し、調和の美を重んじる「ルネサンス様式」が流行する。それ以降、古典主義中心の時代が続いたが、17世紀には古典主義に対抗するような、力強く動的な表現と内装の豪華さが特徴の「バロック様式」が生まれた。

近代以降は再び古典建築に回帰する「新古典主義」、ゴシック様式の復興を試みる「ゴシックリバイバル」、反伝統主義の「モダニズム」などが続いた。

建築様式①

初期キリスト教様式 バシリカ式と集中式が教会建築の元祖

サンタ・マリア・マッジョーレ大聖堂(イタリア)

長方形と円形が基本

教会建築の原型とされているのが、「初期キリスト教」という様式だ。バシリカ式と集中式があり、どちらも非常にシンプルな形をしている。

バシリカ式は、「バシリカ」(ラテン語で「人が集まる」の意味)と呼ばれる古代ローマのホール建築に由来する。長方形の箱のような構造で、内部は列柱で区切られた身廊と側廊が、最深部の「アプス」まで続いている。アプスとは、祭壇などが置かれている半円形の空間。教会堂で最も重要な場所だ。

一方、集中式は教会堂の中央にドー

ム形の屋根を頂く。ドームの丸い形は天国をイメージさせるのに適しており、洗礼堂や殉教者記念堂に用いられた。

長方形のバシリカ式と、円形の集中式。この二つが教会建築の基本である。

✝バシリカ式の教会堂

サンタ・マリア・マッジョーレ大聖堂の平面図

平面図で見るとほぼ長方形をしており、身廊と側廊が最深部のアプスまで続く

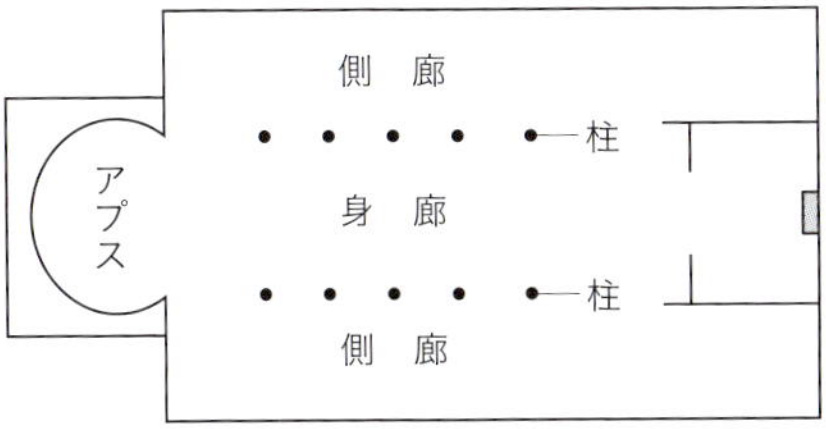

身廊から最奥部のアプスを見る。アプスとは、祭壇や司教の座席「カテドラ」がある教会堂の最重要部分だ

バシリカ式の教会堂は、長方形の箱のような構造をしている

✝集中式の教会堂

集中式の教会堂は、中央に円形のドーム屋根を頂く

サンタ・コンスタンツァ教会（イタリア）

建築様式 ②

ビザンティン様式
巨大なドーム屋根が目印の東欧に多い形

バシリカ式と集中式の融合

初期キリスト教建築のバシリカ式と集中式が融合した建築様式が、「ビザンティン様式」である。

この建築様式は、長方形のバシリカ式建築の上に、集中式建築のドーム屋根を載せたもの。ローマ建築の技術の集大成というべき様式だ。

四角形の空間の上に大きなドーム屋根を直接載せると、円と四角形の接点4カ所のみで支える形になり、なかなか安定を保てない。

そこで四つの半円形アーチで四角形をつくり、その上にドームを載せて重量を分散しているのである。この工法を「ペンデンティブ工法」という。

ビザンティン様式は、その名のとおりビザンティン（＝東ローマ）帝国で生まれ、多くの教会堂で採用された。そのなかで最高傑作とされているのが、537年に建てられたトルコのハギア・ソフィア大聖堂である。左の平面図を見るとわかるように、直径31mもの巨大ドームが、四つの半円形アーチでできた四角形の上に載っている。

ビザンティン様式は中世以降も東方正教の建築様式として残り、のちにロシアやイスラム圏の建築にも影響を及ぼすことになった。

COLUMN

モザイク画も特徴

ビザンティン様式のもう一つの特徴が、モザイク画（→66P）。モザイク画は耐久性に優れ、光の当たり具合で見え方も変化する。その神秘性ゆえ神の永続性を表現する手段として好んで使われたのである。

ビザンティン様式は四角形
の空間の上に巨大なドーム
屋根を頂くのが特徴だ

ハギア・ソフィア大聖堂(トルコ)

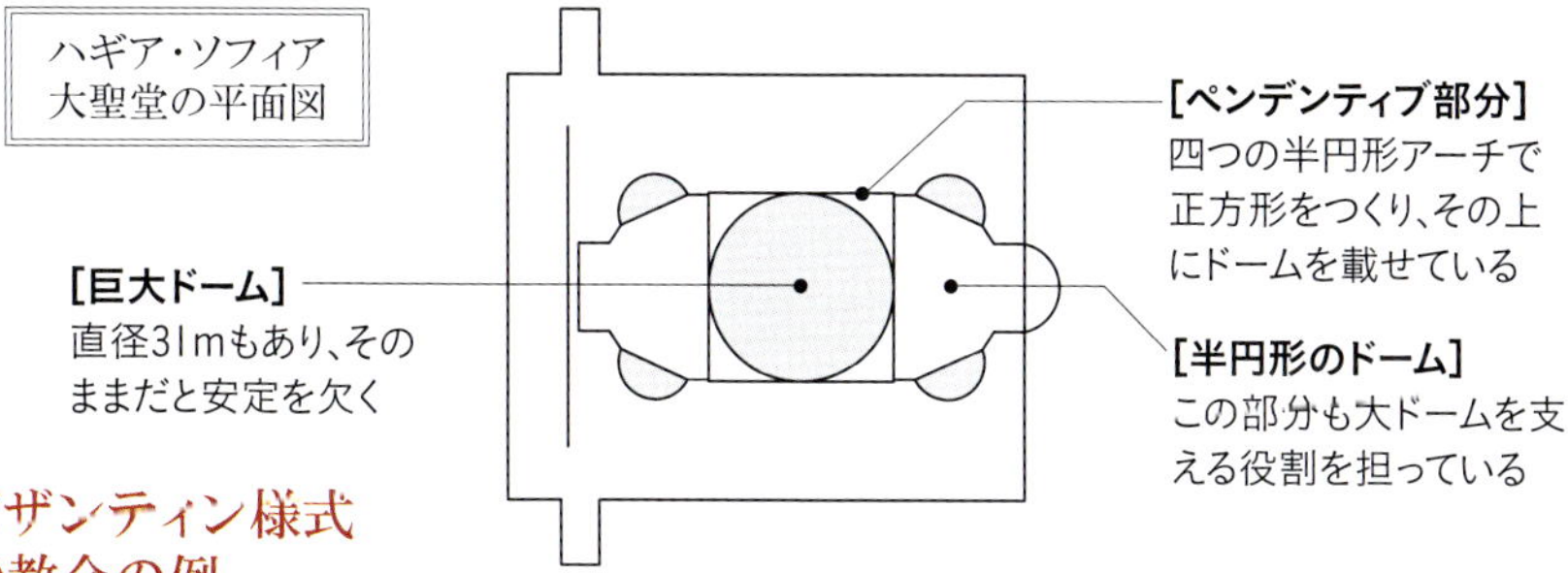

✝ビザンティン様式の教会の例

ハギア・ソフィア聖堂(ギリシア)/初期ビザンティン様式の代表作。身廊の中央にドームがかかっている

聖ヴァシーリー大聖堂(ロシア)/ビザンティン様式の亜種。玉ねぎ形のドームを合計九つ有している

ニコライ堂(日本)/東京・御茶ノ水に建つ。日本初にして最大のビザンティン様式の教会である

建築様式③

ロマネスク様式

ローマ風の半円形アーチが中世に大流行

ローマ建築を応用

西ローマ帝国滅亡後、西ヨーロッパの建築文化は衰退した。だが11世紀に入って現在のドイツ、フランス、イタリアの基礎ができると、諸国の経済成長とともに建築技術も進歩しはじめた。そうしたなかで生まれた建築様式が「ロマネスク様式」である。

ロマネスクとは「ローマ風」の意味。ローマ建築を思わせる半円形アーチの装飾が内外に多用されているところから、そう呼ばれる。斜塔で有名なイタリアのピサ大聖堂は、外観・内部とも半円形アーチであふれている。

また、それまでの教会堂の天井は木造が多かったが、ロマネスク様式ではアーチ技術を応用してかまぼこ形の「ヴォールト天井」をつくり、石造化されるようになった。

ラテン十字形の平面が採用されたことも、ロマネスク様式の特徴の一つとしてあげられる。長方形の平面から短い翼廊を延ばしたラテン十字形の平面形状が好まれたのだ。

ロマネスク様式の教会堂は、高窓が少ないため内部が暗く厳かな雰囲気になり、分厚い石壁が荘厳さを醸し出す。そうした構造が教会を宗教空間としてより強く意識させることにつながった。

KEYWORD

ヴォールト天井

ヴォールト天井とは、平面的ではなく立体的につくられた天井のこと。半円形アーチを延長した「トンネル型ヴォールト」と、トンネル形ヴォールトを交差させた「交差ヴォールト」があり（→64P）、石材や煉瓦《れんが》などの重い材料でつくられることが多い。

✝ロマネスク様式の教会堂

ピサ大聖堂（イタリア）

半円形アーチが内外に多用されていることが、ロマネスク様式の最大の特徴だ

内部

アーチを応用したヴォールト天井

外観

彩色大理石できれいな半円形アーチを描く

平面の変化

ラテン十字形の平面が採用されたことも、ロマネスク様式の特徴の一つ。身廊と翼廊の交差部にドームを設けることもある

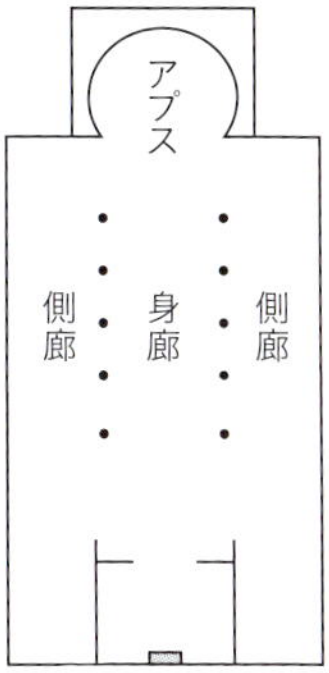

従来の教会堂の平面

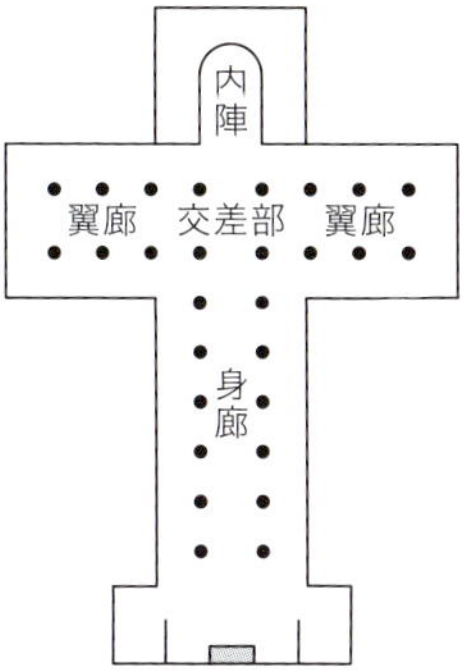

ロマネスク様式の教会堂の平面

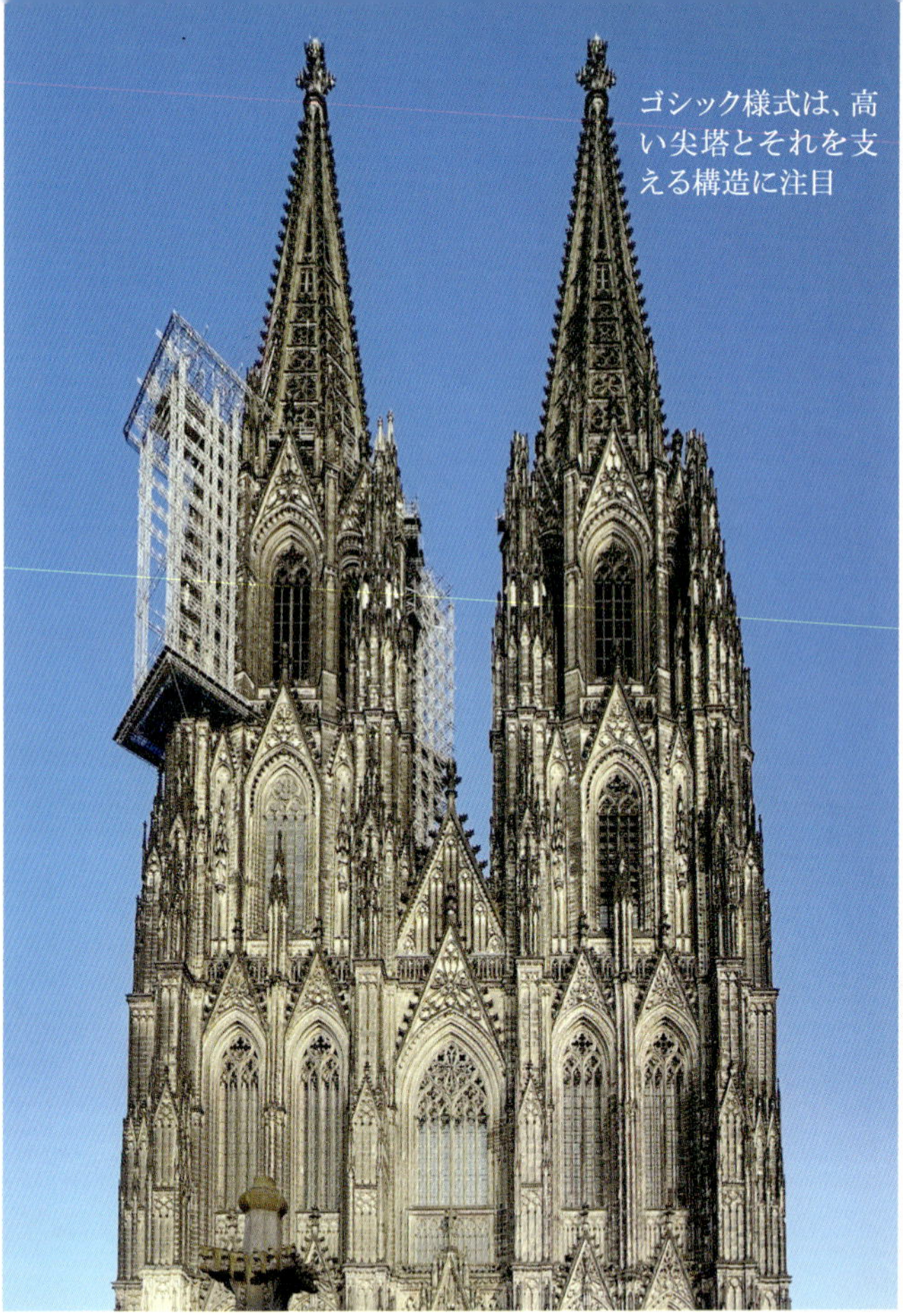

ゴシック様式は、高い尖塔とそれを支える構造に注目

ケルン大聖堂（ドイツ）

建築様式④

ゴシック様式
高くそびえる塔が神のいる天を目指す

高く、もっと高く

天上の神に少しでも近づきたい――そうしたキリスト教徒の思いを具現化した建築様式が「ゴシック様式」だ。

ゴシック様式の最大の特徴は、天空を目指してそそり立つ尖塔。天井も高く、視線が上へ上へと向けられる。

その高さを支えるために、二つの新技術が使われている。交差ヴォールト天井の稜線《りょうせん》を補強する「リブ・ヴォールト」と、建物全体を外から支える「フライング・バットレス」だ。フライング・バットレスの採用により多量の採光が可能になったことも注目に値する。

✝高さを支える構造

リブ・ヴォールト
ヴォールト天井の交差線に沿ってアーチ状の筋をつけることにより、高い天井を支える

フライング・バットレス
壁面から地面につながっており、建物全体を外から支える

バットレスの変化

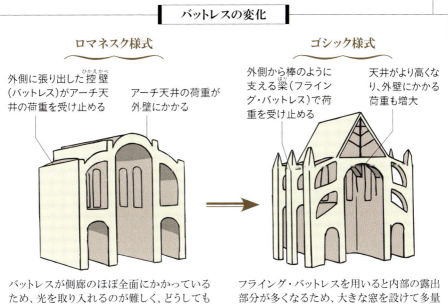

ロマネスク様式

外側に張り出した控壁《ひかえかべ》（バットレス）がアーチ天井の荷重を受け止める

アーチ天井の荷重が外壁にかかる

バットレスが側廊のほぼ全面にかかっているため、光を取り入れるのが難しく、どうしても内部が暗くなってしまう

ゴシック様式

外側から棒のように支える梁《はり》（フライング・バットレス）で荷重を受け止める

天井がより高くなり、外壁にかかる荷重も増大

フライング・バットレスを用いると内部の露出部分が多くなるため、大きな窓を設けて多量の採光が可能になる

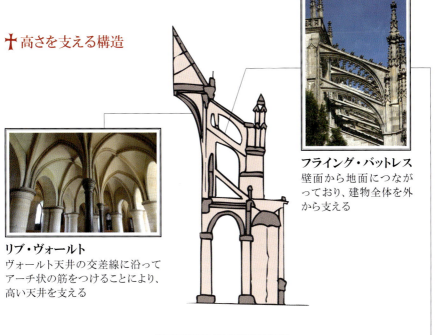

建築様式
⑤

ルネサンス様式

調和の美を重視し、人間の理性に訴える

ローマ建築を理想とする

14～16世紀、ヨーロッパ全土でルネサンスという芸術・文化の革新運動が起こった。そもそもルネサンスとは古代ギリシア・ローマの文化の「再生」を目指す運動のことで、レオナルド・ダ・ヴィンチやミケランジェロといった芸術家が数多《あまた》の傑作を残した。

ルネサンス期には教会堂もさかんにつくられ、「ルネサンス様式」と呼ばれる新たな建築様式が誕生する。

その最大の特徴は、ローマ建築の造形が理想とされ、調和が何よりも重んじられたことだ。ゴシック様式では、神のいる天を目指してより高い教会をつくることが競われたが、ルネサンス様式では、ローマ建築のもつ均整と安定が最も重視されたのである。

具体的には、教会堂のファサード（建物の正面）に比例や左右対称を用いて理想的なバランスのデザインに仕立てたり、円や線、アーチを組み合わせたたり、幾何学模様で装飾したりしている。

また、円や球を意識したドーム屋根を頂いていることも特徴の一つとしてあげられる。東ローマ帝国で発展したビザンティン様式のペンデンティブ・ドームが西ヨーロッパではじめて採用されたのもこの頃のことだった。

KEYWORD

ルネサンス

ルネサンスは14世紀にイタリアのフィレンツェではじまり、16世紀にはその波が北ヨーロッパにも到達した。芸術・文化が主役ではあったが、背景には都市国家同士、あるいはメディチ家とボルジア家といった貴族同士の争いが存在した。そして、その激しい戦いのなかから、新しい芸術、思想、技術などが生み出された。ルネサンスは単なる芸術・文化の革新運動にとどまらなかったのだ。

✝ルネサンス様式の特徴

サンタ・マリア・ノヴェッラ教会（イタリア）

①比例や左右対称を用いる
中央の入口を中心にして、左右対称のバランスのよいデザインが施されている

②幾何学図形の多用
円や線、アーチを組み合わせた幾何学模様で装飾されている

③ドーム屋根を頂く
円や球を意識したドーム屋根のついたものが多い。このサンタ・マリア・デル・フィオーレ大聖堂（イタリア）は、ルネサンス様式のシンボルというべき建築である

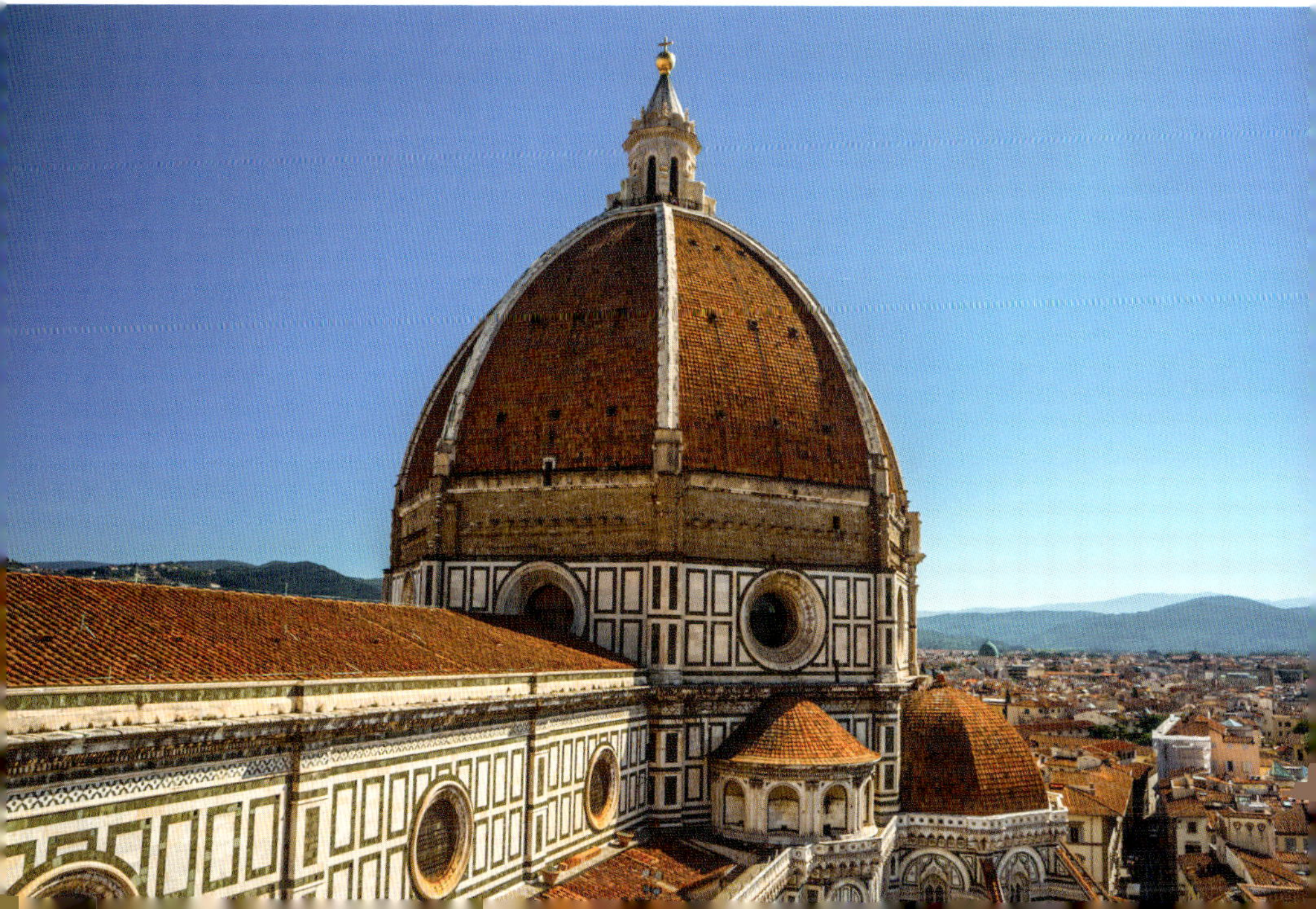

建築様式⑥

バロック様式

外観・内観とも豪華な劇的空間へと発展

うねるような造形

ルネサンス様式は調和の美を基本として発展したが、時代が進むにつれて変化が見られるようになった。そのきっかけは宗教改革にある。

16世紀前半、ドイツのルターがローマ教皇の免罪符販売と教会の腐敗に抗議して宗教改革がはじまると、ローマ・カトリック教会の権威は次第に揺らいでいった。そこでカトリック教会は落ちた権威を回復するために16世紀半ばから改革運動を開始。その一環として、人目を引くような美しい教会堂の建設を推進した。この運動のなかから「バロック様式」という新しい建築様式が生み出されたのである。

バロックとは宝石用語「バローコ（ゆがんだ真珠）」に由来するとされ、バロック様式の教会堂はその名のとおり変化と躍動感に満ちている。

外観は壁面や柱に曲面や曲線を用いたり、楕円形の平面を使ったり、凸凹にしたりして動きのある造形を追求。内部にはフレスコ画や彫刻などで豪華な装飾を施す。さらに天井から差し込む光も演出効果として使われた。

バロック様式は外観の美しさに加え、内部の装飾、そして光と一体化したドラマチックな空間を目指したのである。

KEYWORD

宗教改革

ルネサンス末期、ローマ・カトリック教会は圧倒的な権威と権力で民衆を支配していた。また聖職を売買したり、「これを買えば罪が許される」という免罪符を発行するなど腐敗の度を強めていた。これにルターが抗議したことによってはじまったのが宗教改革だ。ローマ・カトリック教会に反発した人々はプロテスタントと呼ばれ、新しい教派を生み出し、両者は激しく対立するようになった。

バロック様式の特徴

調和の美を重視するルネサンス様式とは大きく異なり、変化と躍動感を追求する

1 力強く動的な表現

サン・カルロ・アッレ・クアトロ・フォンターネ聖堂（イタリア）

2 豪華な装飾

華やかなフレスコ画や彫刻などによって内部空間が埋め尽くされている

サンティニャーツィオ聖堂（イタリア）
Tango 7174

だまし絵
かまぼこ形の天井を利用し、聖人や天使たちが天上世界へと昇っていく様子をリアルに描いている

Bruce McAdam

建築様式⑦

モダニズムなど
従来の概念を一変させた斬新なデザイン

ゴシックリバイバルの教会

サグラダ・ファミリア（スペイン）。ガウディによるあまりにも有名な建築。スペインのゴシック様式に彼独自の建築理論を加えて設計された

聖ペテロ・パウロ教会（ベルギー）。ゴシック様式の復興運動のなかでつくられた

変わりゆく建築様式

18世紀後半から19世紀半ばにかけて、ヨーロッパでは「新古典主義」と呼ばれる運動が起こった。バロック様式以降の過剰な造形への反動から、再び古代ギリシア・ローマ建築に回帰しようとする流れが生まれたのだ。

その一方で、ゴシック様式の建築形態や装飾を復興しようとする動きも見られた。「ゴシックリバイバル」である。たとえばスペインの建築家ガウディは、ゴシック様式を自国の伝統に根ざすものと解釈し、ゴシックに彼独自の建築理念を加えてサグラダ・ファミリアを

✝モダニズムの教会

ロンシャンの礼拝堂（フランス）。20世紀の巨匠ル・コルビュジエの代表作。屋根はカニの甲羅をモチーフにしたといわれている

東京カテドラル聖マリア大聖堂（日本）。外装がステンレス・スチールでできており、まぶしいばかりの輝きを発している。東京都庁などを設計した丹下健三の設計

ブルーダー・クラウス・フィールド・チャペル（ドイツ）。菜の花畑のなかに立つ、農家のための礼拝堂。三角形の部分が扉になっている

建造した。

20世紀に入ると、従来の建築様式とは対照的な美学をもつ「モダニズム」が台頭してくる。

モダニズムの美学とは、機能主義的で装飾のない抽象的な建築。フランスの建築家ル・コルビュジエによるロンシャンの礼拝堂などがモダニズム建築として広く知られている。このモダニズムの流行により、それまでのイメージを一新する斬新なデザインの教会堂がいくつも建設されることになった。

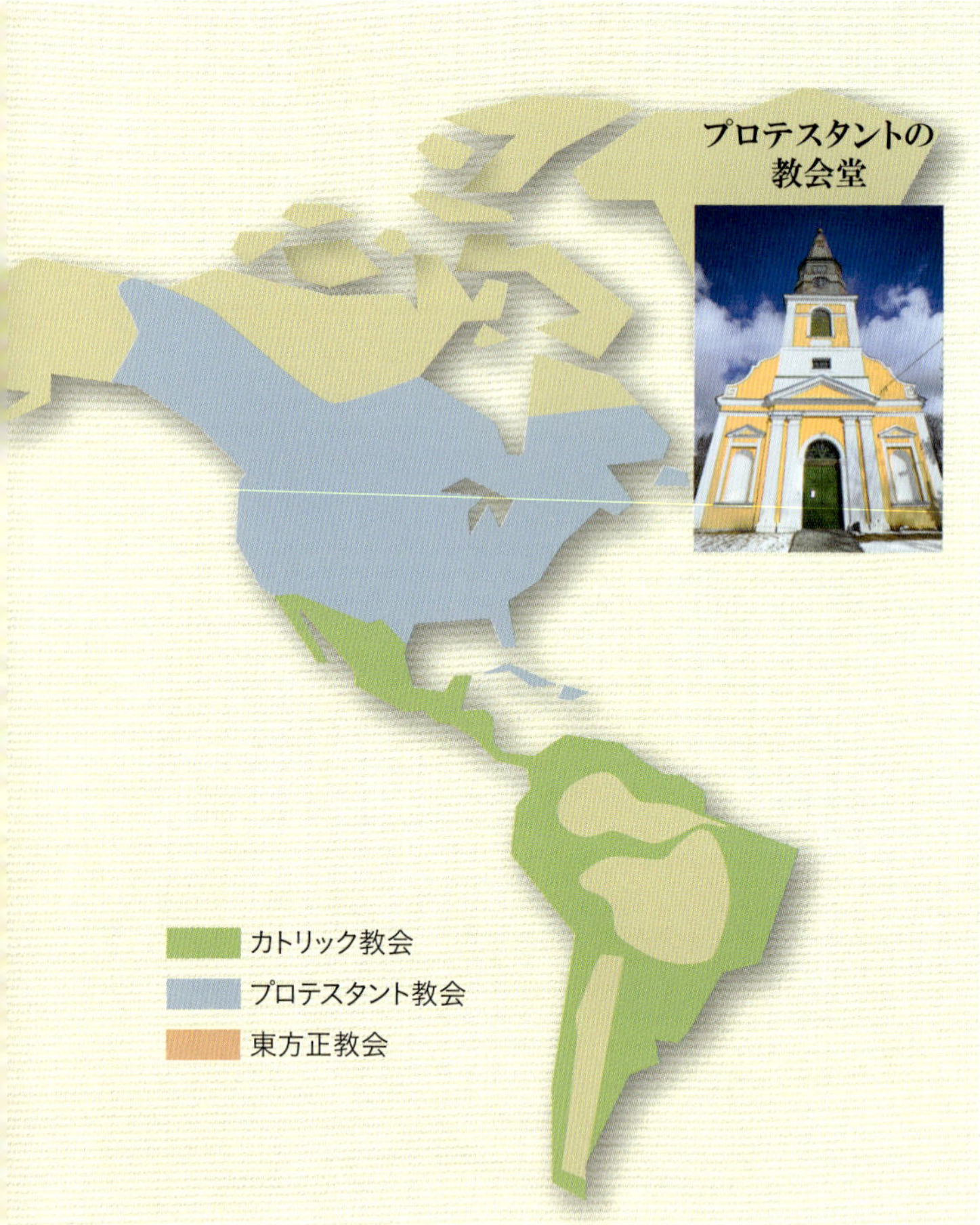

宗派と
教会堂①

宗派で異なる教会堂の形

宗派の教えが建築デザインに与える影響

キリスト教の三つの流れ

キリスト教の教会堂を見ると、きらびやかな教会堂と地味な教会堂があることに気づく。壁画やステンドグラス、聖像などの装飾がたくさん施されている教会堂があれば、飾り物がほとんどないシンプルなつくりの教会堂もある。

この違いが何に由来するのかというと、答えは「宗派」である。

キリスト教にはカトリック、プロテスタント、東方正教という三つの大きな流れがあり、それぞれ考え方が異なる。その考え方で教会堂のつくりも派手になったり地味になったりするのだ。

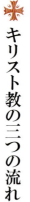

キリスト教宗派の分布

キリスト教には三大宗派と呼ばれる流れがある。
その宗派が違うと教会堂のデザインも変わる

出所：『ブリタニカ国際年鑑』など

宗派ごとの教会堂のデザインの違いを述べる前に、まず三大宗派の基本事項から説明しておこう。

三つのなかで信徒数が最も多いのが南ヨーロッパ、中南米、アジアなどに分布するカトリックだ。全世界に22億人超いるとされるキリスト教徒のうち、5割以上をカトリックの信徒が占めている。カトリックとは「普遍的」という意味で、自分たちが正統派であることを主張している。

プロテスタントは、ルターが16世紀にローマ・カトリック教会を批判して宗教改革が起こったとき、カトリックから分裂した宗派だ。カトリックに次ぐ信徒数を誇り、西ヨーロッパや北米、アフリカなどに多い。

東方正教は、もともとはカトリックと一つだった。だが4世紀後半にローマ帝国が東西に分裂すると、キリスト

指導者と聖職者	組織構造	教えの特徴	聖地	信徒数	
指導者： ローマ教皇 聖職者：司祭 （神父は敬称）	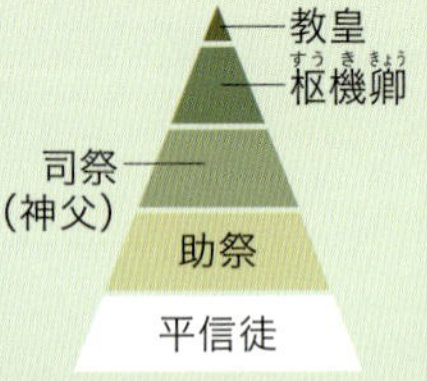 ※全世界が単一の教会に組織されている	ローマ教皇をキリストの代理人とみなす。儀式や聖像崇拝を重視	ローマ、 エルサレム、 サンティアゴ・デ・コンポステーラ	約11億3000万人	カトリック
指導者：いない 聖職者：牧師	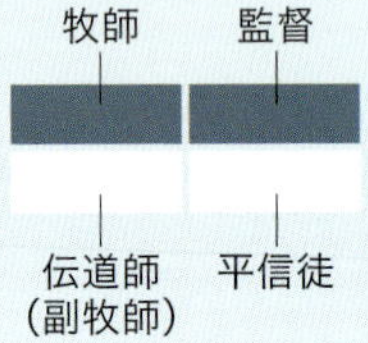 ※教会内に位階はない	聖書の教えを第一に考える。聖像崇拝はしない	とくになし	約4億5000万人	プロテスタント
指導者： 総主教、大主教、府主教 聖職者：司祭 （神父は敬称）	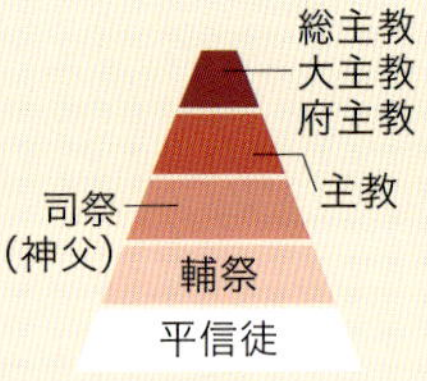 ※国・地方ごとに組織が独立している	ローマ教皇の権威を認めない。聖人崇拝を重視する	ハギア・ソフィア大聖堂、 エルサレム、 シナイ山、 アトス山	約2億5000万人	東方正教

教も東西に分裂。次第に対立を深めた両者は、1054年に完全に袂《たもと》を分かち、ローマを中心とするカトリックと、コンスタンティノープル（現イスタンブール）を中心とする東方正教に分かれた。現在はロシアや東ヨーロッパに多く分布している。

どこがどう違うのか

三大宗派の違いとしては、たとえば組織構造があげられる。

カトリックはローマ教皇を最高指導者とする世界統一組織である。それに対し、プロテスタントは教派が多く、各教会内での位階、序列はほとんどない。東方正教も現在は統一された組織ではない。国あるいは民族ごとに自立した組織をもっており、指導者も総主教、大主教、府主教など、それぞれの国や地域ごとに異なる。

教会堂の特徴	十字の切り方	祭服	主な教派
 外観も内部も華やか。聖人像やステンドグラスがある	額 ↓ 胸 ↓ 左肩 ↓ 右肩の順		復古カトリック教会など
 外観も内部も簡素。十字架にキリスト像がかかっていない	十字を切ることはない	 ※決まった祭服はなし。スーツ姿も少なくない	ルター派、カルヴァン派、英国国教会など
 ドーム屋根。色鮮やか。イコンが飾られている	額 ↓ 胸 ↓ 右肩 ↓ 左肩の順		ロシア正教会、ギリシア正教会など

教えの内容にも大きな相違点がある。それは信仰対象についての考え方だ。カトリックは伝統や儀礼を重んじ、聖像崇拝をさかんに行う。東方正教は立体像は認めないが、聖母マリアや聖人崇拝がさかんで、イコン（聖像画）を拝む。一方、プロテスタントは聖書のみをよりどころとし、聖像崇拝を批判するのである。

そして、この信仰対象についての考え方の違いが教会堂のデザインにあらわれる。聖像崇拝がさかんなカトリックの教会堂は、外壁に壮麗な彫刻が施されたり、内部にイエスやマリア、諸聖人の像が置かれたりしてきらびやかになる。東方正教の教会堂もイコンやモザイク画で装飾され華やぐ。これに対し、プロテスタントの教会堂は装飾がシンプルで聖像もない、地味なイメージの教会堂になるのである。

宗派と
教会堂②

宗派の見分け方
ここを見れば、教会堂の宗派がわかる

カトリックの教会堂は華やか

サン・ピエトロ大聖堂（ヴァチカン）

①華やかな装飾
壁面や扉に彫刻を施したり、バラ窓をしつらえるなどしている

装飾や芸術品の有無が判断ポイント

ここでは前項に引き続き、カトリック、プロテスタント、東方正教の教会堂の特徴を詳しく見てみよう。

カトリックは、壁面や扉にバラ窓をつくったり、彫刻を施すなどした華やかな外観の教会堂が多い。イエスや聖母マリアの像もよく見られる。

内部に入ると、やはり美しい装飾や芸術品が配されており、正面中央にミサを行う祭壇が設けられている。さらに十字架に磔にされたイエスの像、聖《せい》櫃《ひっ》、聖人像や聖遺物《せいいぶつ》、十字架の道行《みちゆき》なども確認できるだろう。これらがみな

①イエスの十字架
十字架に磔にされたイエスの像が正面に掲げられている

②聖人像
イエス像やマリア像、諸聖人の像が置かれている

③十字架の道行
イエスの最後をたどる十字架の道行が飾られている

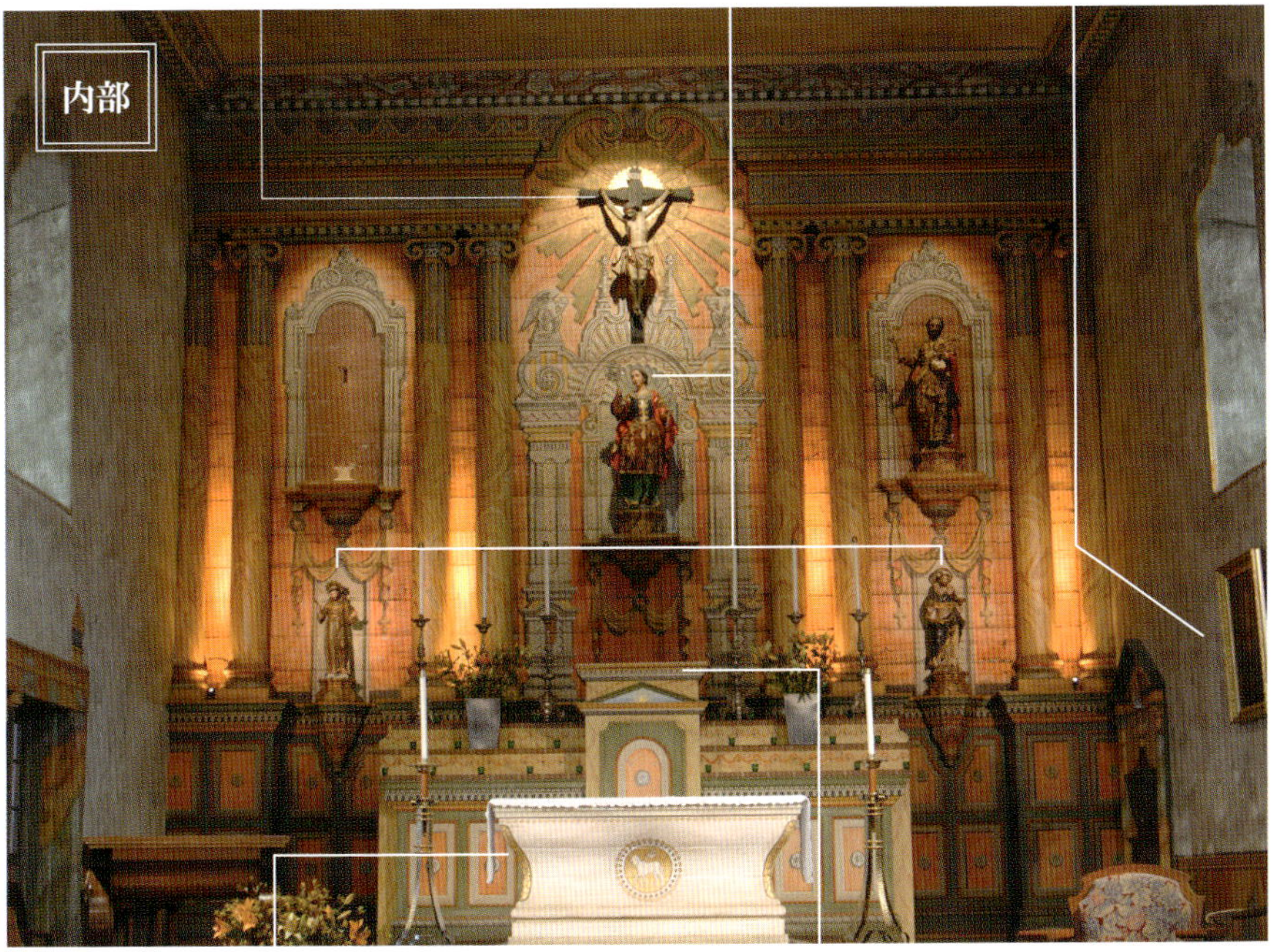

④聖櫃
ミサで用いる聖体をおさめた聖櫃が置いてある

⑤祭壇
司祭が祈り、神へ供物を捧げる祭壇がある

そろっていれば、ほぼ間違いなくカトリックの教会堂だと判断できる。

プロテスタントの教会堂は外装・内装ともきわめて簡素につくられている。

外壁や扉に装飾がなされることはない。内部でも絵画や彫刻などの装飾はほとんど見られない。聖像や聖遺物を聖像崇拝として認めていないので、聖体の入った聖櫃も置かれていない。シンプルな木の十字架と礼拝に必要な備品があるだけというのが一般的だ。

東方正教の教会堂はビザンティン様式のドーム屋根を載せていることが多い。玉ねぎ形やヘルメット形などユニークな形で、鮮やかな彩色が施されている。聖人の立体像はないが、内部に華やかなイコン（聖像画）やモザイク画が飾られている。

また、東方正教の信徒は立って礼拝するため、座席が設けられていない。

✝プロテスタントの教会堂はシンプル

聖母教会(ドイツ)

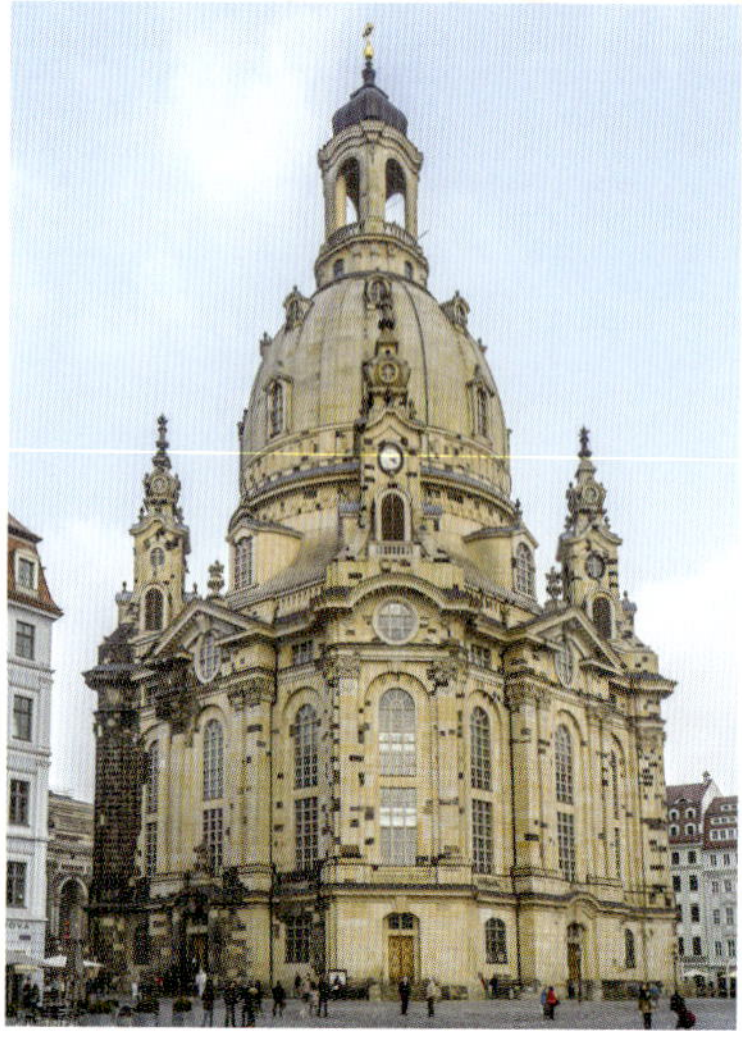

聖像がない
イエス像やマリア像、諸聖人の像を置いていない

簡素な装飾
壁面や扉に彫刻を施したりすることはあまりない

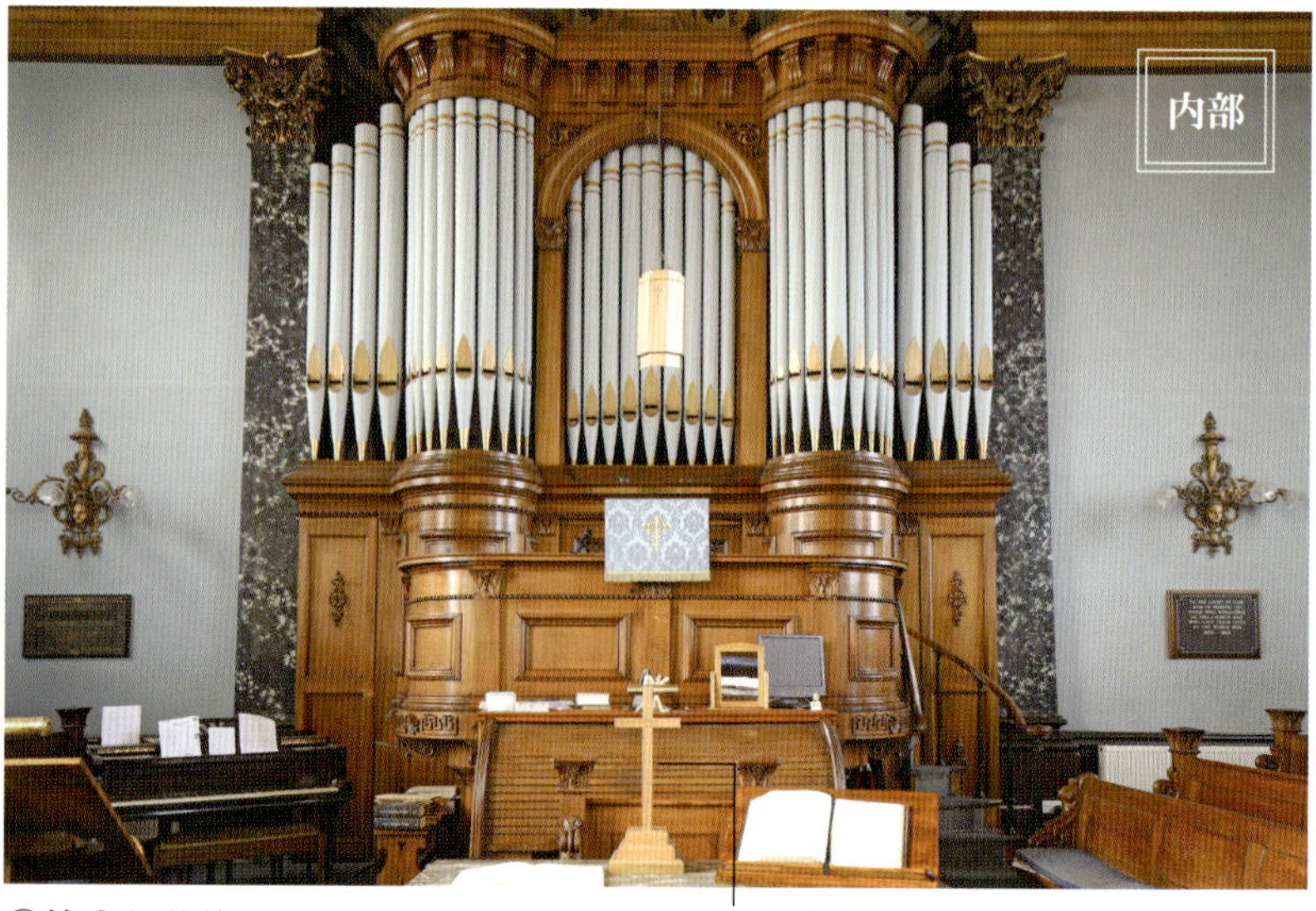

①簡素な装飾
彫刻や絵画、聖像などを飾らず、落ち着いた雰囲気

②十字架
イエス像がついていない、シンプルな木の十字架

✝東方正教の教会堂は色鮮やか

聖ヴァシーリー大聖堂(ロシア)

血の上の救世主教会(ロシア)

①ドーム屋根　玉ねぎ形、ヘルメット形などのドーム屋根を頂く
②色彩　ドーム屋根などにカラフルな彩色が施されている

ウスペンスキー大聖堂(ロシア)

①イコン・モザイク画
諸聖人の立体像はないが、イコン(聖像画)やモザイク画が多く飾られている

②座席がない
立って礼拝するのが習慣になっているため、座席が設けられていない

Tea time 教会をより深く理解するために……

聖書には何が書いてある?

どこの教会にも必ず置いてある聖書。このキリスト教の正典は、旧約聖書と新約聖書の二つからなる。

旧約聖書はもともとユダヤ教の正典で、神とイスラエルの民の交流の歴史が書かれている。紀元前10世紀頃から紀元前1世紀頃までにヘブライ語で書かれ、紀元前3世紀から紀元2世紀にかけてギリシア語に翻訳されて異民族にも広まった。

一方、新約聖書にはイエスの生涯と教え、さらに彼の使徒（弟子）たちが各地で布教活動を行う様子が書かれている。紀元1世紀頃から書かれはじめ、やがてラテン語や英語などに翻訳されて世界中で読まれるようになった。

書かれた時代は違うが、神の言葉が書かれている点は同じ。手引書や解説書もたくさん出ているので、はじめての人はそうした平易な本から手にとってみるとよい。

聖書は、イスラエルの歴史が書かれた旧約聖書とイエスについて書かれた新約聖書の二つからなる

Chapter 2
教会によくある建物を知る

教会に行くと塔や鐘、祭壇、ステンドグラスなどを目にするが、それらにはいったいどんな意味があるのか。本章では教会の建物について詳しく見ていこう。

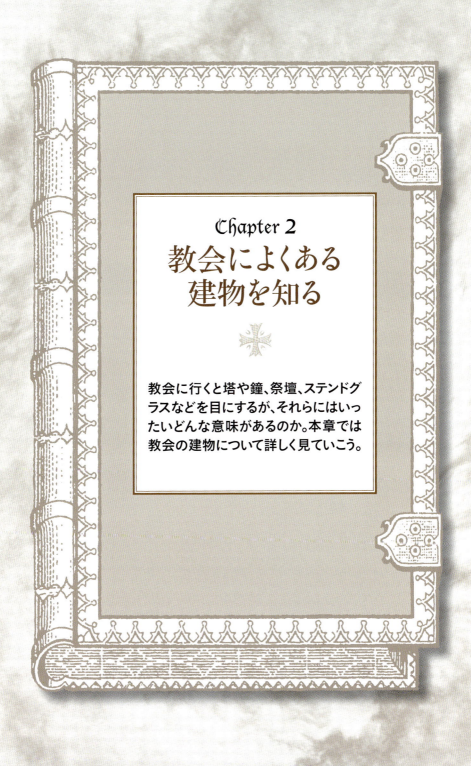

塔は神を讃え、人々の心に神を思い起こさせるためにつくられた

塔

空高くそそり立つ教会のシンボル

神の住まいの象徴

教会を見たときに最も目立つ建物といえば、空高くそびえる塔である。

キリスト教において、高所は神の住まいの象徴と考えられており、「塔」という言葉が神そのものを指す記号として用いられることもあった。つまり塔は、神を讃《たた》え、人々に絶えず神を思い起こさせるためにつくられたのである。

一方、塔にはそれが建つ街に名声をもたらす効果もある。そこで司教や街の人々は、地域で最も高い塔をつくるべく競い合ったともいわれている。

✝いろいろな塔 中世以降、多彩な塔が生まれた

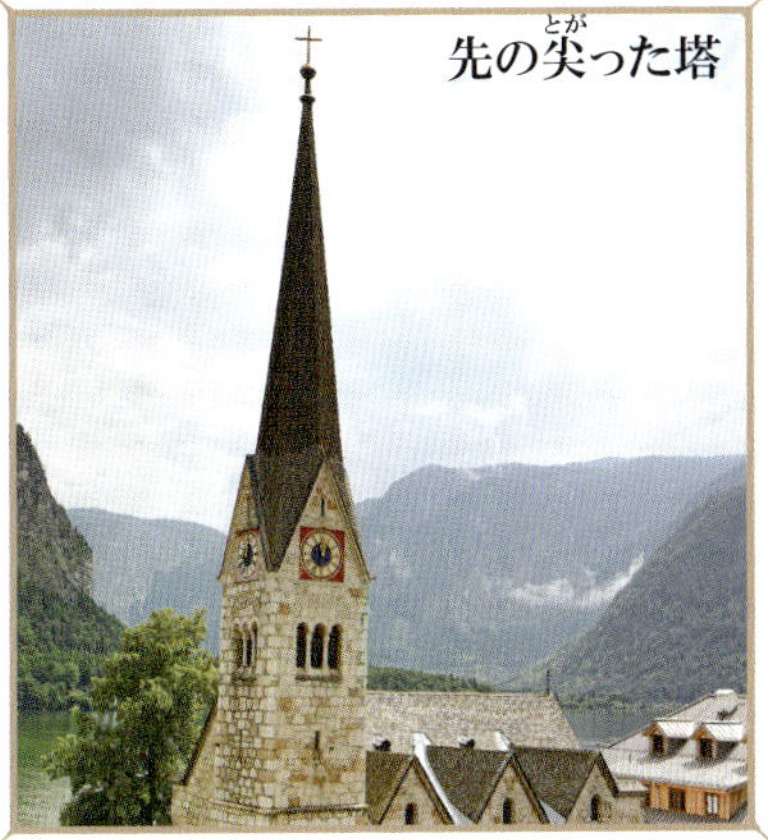

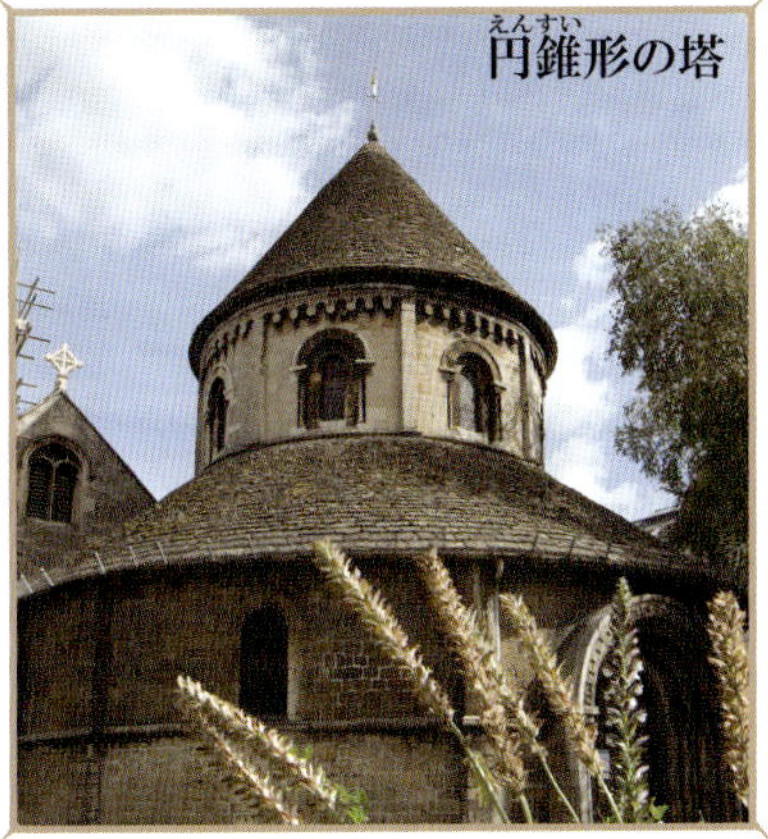

丸い教会(イギリス)

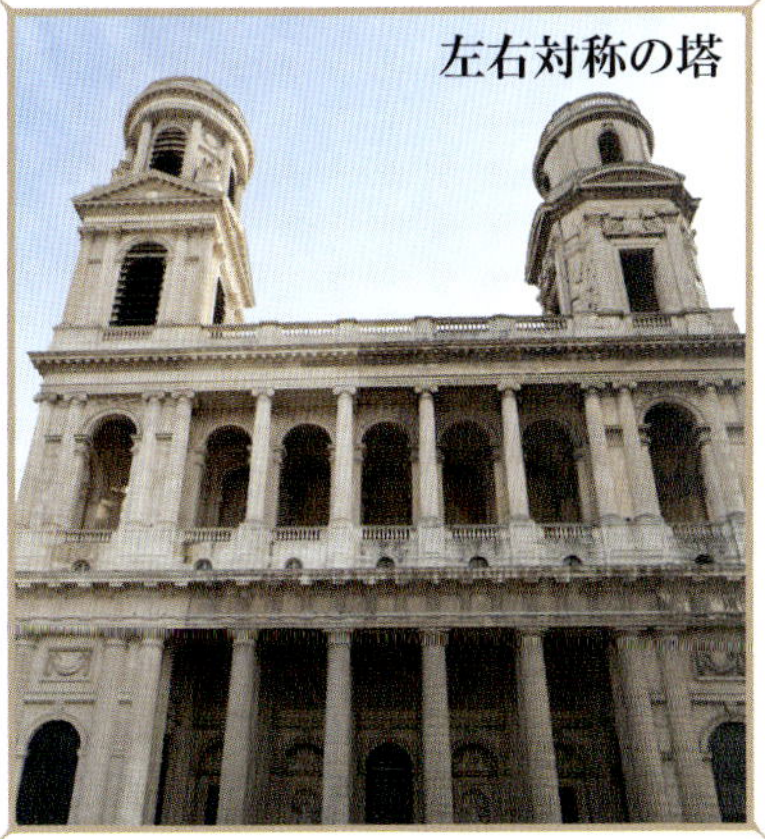

サン・シュルピス教会(フランス)

シャルトル大聖堂(フランス)

COLUMN

最も高い教会の塔は?

教会建築の技術が進むにつれて、塔は高層化していった。現存するなかで最も高いのは、ウルム大聖堂(ドイツ)の大尖塔。400年以上かけて完成したこの塔の高さは、なんと161mにものぼり、現在は街のランドマークになっている。

鐘

鐘の音が祈りの時間を教えてくれる

鐘の音の深い意味

教会堂には鐘がある。鐘塔に吊《つ》るされていることが多く、一日のうち決まった時間に鳴らされる。美しい鐘の音に心が癒《いや》される人もいるだろう。

中世くらいまでは吊り下がったロープを揺らして鳴らす単純な構造だったが、やがて多くの鐘を組み合わせたカリヨン（組み鐘）が登場すると、鐘を演奏して美しいメロディやハーモニーを生み出せるようになった。

教会で鐘を鳴らす目的は二つある。

一つは信徒に祈りの時間を知らせるためだ。教会堂の鐘は朝・昼・夕……といった具合に、定期的に打たれる。鐘の音が聞こえると、信徒は仕事を中断して神に祈りを捧げるのである。

また、時計が広く普及していなかった時代には、一般の人々の間でも日常生活にメリハリをつける合図として親しまれていた。結婚式や葬儀でも鐘は打たれ、町や村の生活を律する役目をはたしていた。

もう一つの目的は、鐘の音によって周辺一帯を清めることにある。

鐘の表面をよく見ると、祈りの言葉や聖像が刻まれている。これらが鐘の音に乗って広がり、一帯を清らかにすると信じられているのである。

COLUMN

教会の鐘とお寺の鐘

仏教寺院の鐘の音は「ゴーン」という単音で、どこのお寺でもあまり違いは感じられない。一方、教会の鐘の音は複数の鐘が同時に鳴り響く多音性の音。教会によって微妙に音が違うので聞き比べてみると面白い。

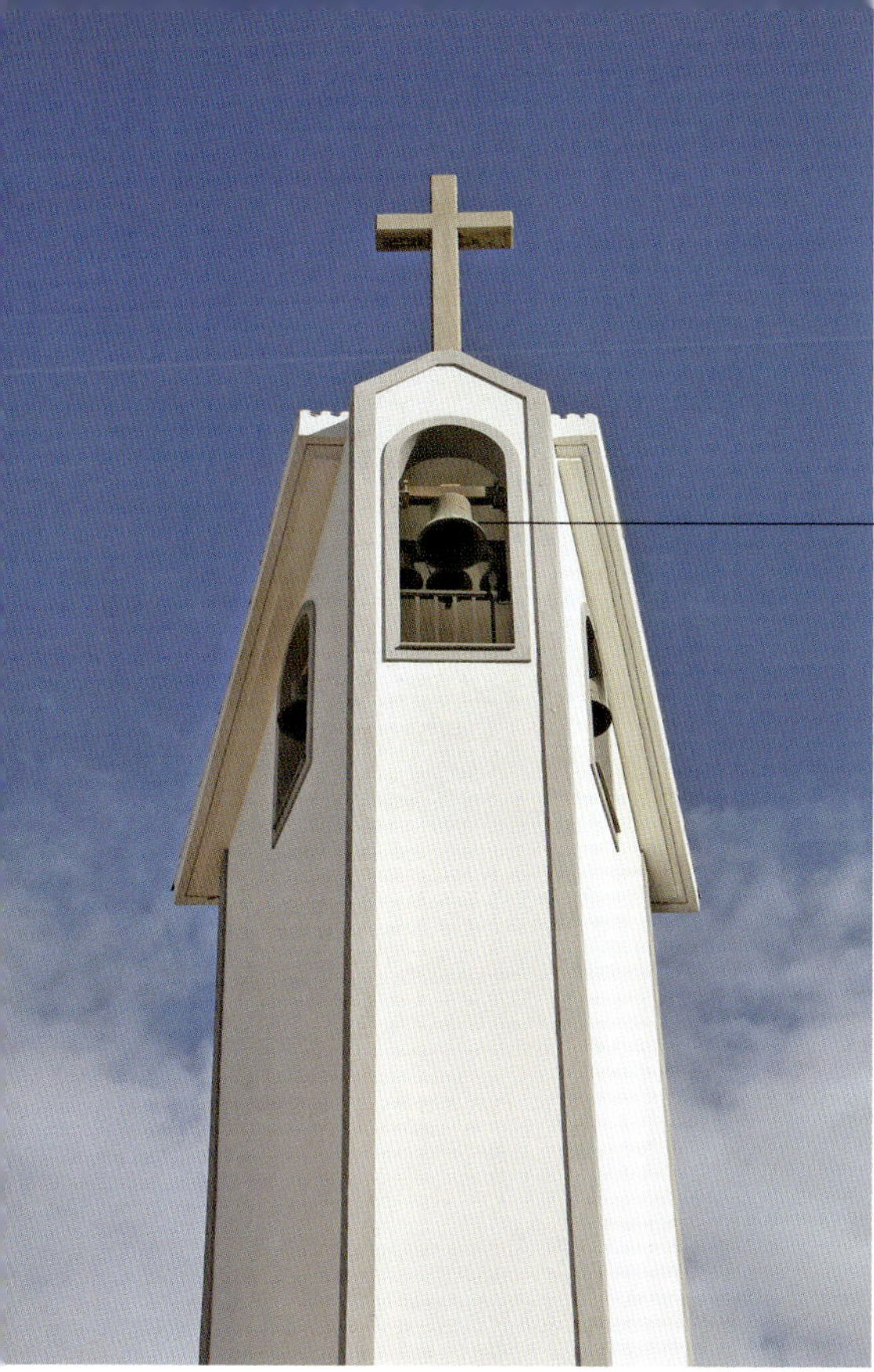

✝鐘を鳴らす目的

①祈りの時間を知らせる

元来、教会の鐘は信徒を祈りに呼び出すためのもの。しかし時計が普及していなかった時代には、鐘が日常生活にメリハリをつける合図にもなっていた

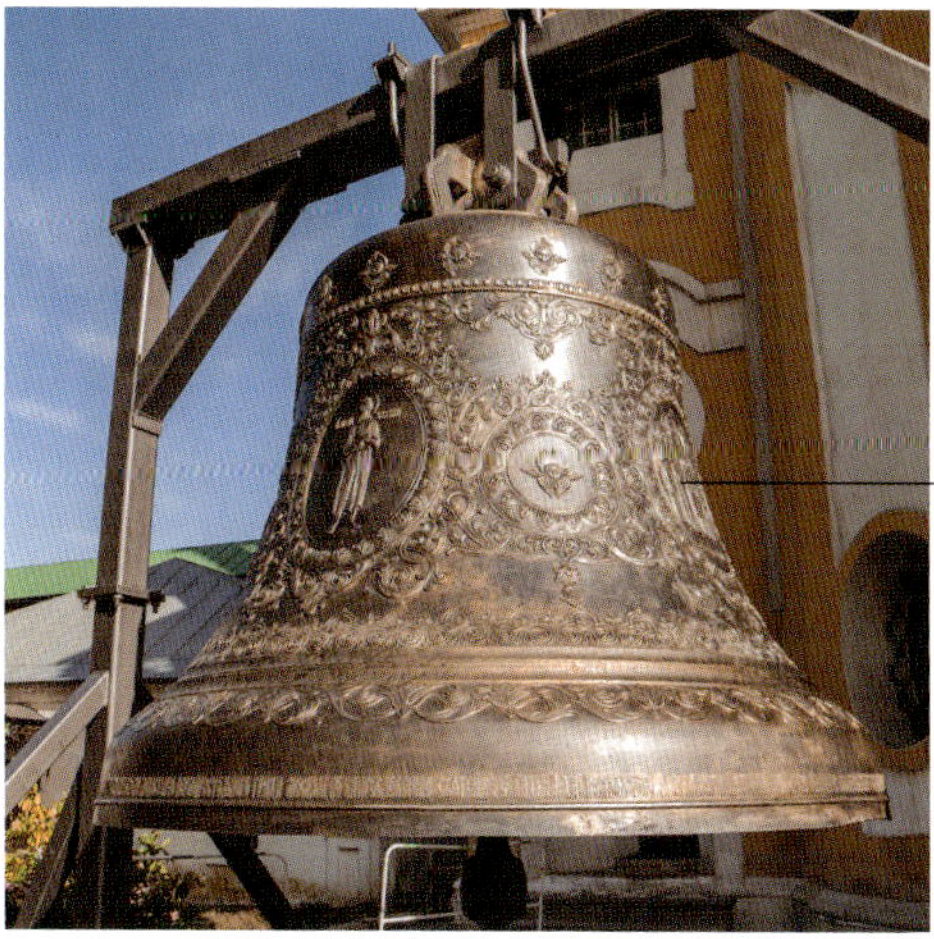

②周囲を清める

鐘の表面には祈りの言葉や聖像が刻まれている。これらが鐘の音に乗って広がり、周辺一帯が清められると考えられている

十字架
処刑の道具がシンボルになった理由とは？

十字架はキリスト教のシンボル

教会堂では塔や屋根の上、扉、内陣の中央など、さまざまな場所で十字架を目にする

十字架は人類救済の証《あかし》

キリスト教のシンボルといえば、誰しも十字架を思い浮かべるに違いない。教会堂を訪れると、塔や屋根の上、扉、壁などに十字架が見られるし、祭壇がある内陣の中央にも十字架が掲げられている。宗派や地域によって形は違えども、十字をモチーフにしている点はすべて同じだ。

とはいえ、古代ローマ時代は十字架は拷問《ごうもん》・処刑のための道具だった。ローマ人は最も残酷で屈辱的な刑罰として十字架刑（磔刑）を科し、イエスに対してもゴルゴタの丘で十字架にかけ

もともとは拷問・処刑のための道具だった

「INRI」の銘板
ラテン語で「ユダヤ人の王、ナザレのイエス」を意味する。本来、ここには罪状が書かれるはずだが、イエスには罪がなかったことから「INRI」と書かれたといわれている

十字架上のイエス
イエスは十字架刑で処刑された。しかしキリスト教では、イエスが磔刑により人類の罪を背負って死んだと考えられたため、十字架が人類救済のシンボルとみなされるようになった

さまざまな十字架の形

ラテン十字
イエスの磔刑に使われた最もメジャーな形

ギリシア十字
東方正教の教会で好んで用いられる

聖ペトロ十字
聖ペトロの磔刑をモチーフにした形

アンデレ十字
聖アンデレの磔刑をモチーフにした形

て処刑した。この経緯からすると、十字架は忌《い》むべきもののように思えるが、なぜキリスト教では十字架をシンボルとみなしているのだろうか。

たしかにイエスは磔刑で殺されたが、ただ死んだわけではなかった。みずからが犠牲の死を遂げることにより、人類の罪を贖おうとしたのだ（贖罪《しょくざい》）。そのためキリスト教では、十字架を「人類救済のシンボル」とみなし、礼拝の対象とするようになったのである。

また、キリスト教が公認されたことと十字架を結びつける考えもある。313年、キリスト教はローマ皇帝コンスタンティヌス1世によって公認され、のちに十字架による磔刑も禁止された。これによってキリスト教徒は迫害から解放されたため、十字架をシンボルとみなすようになったといわれている。

教会堂の
外観を見る

シンボル

子羊、魚、白ユリ……これらは何を意味する？

✝教会堂でよく見る動植物

子羊

鳩

白ユリ

魚

子羊は贖罪のイエスを示す

キリスト教のシンボルは十字架だけではない。教会堂に行くと動物や植物など信仰のシンボルがたくさんあることに気づくだろう。

たとえば子羊。これは神に捧げる犠牲獣として用いられていたことから、贖罪を行ったイエスを意味する。魚はギリシア語の語呂合わせから、イエスその人やイエスへの信仰をあらわす秘密の記号として、迫害時代に使われるようになった。そのほか白ユリは聖母マリア、鳩《はと》は神と人間の和解のシンボルとみなされている。

キリスト教の主なシンボルと意味

子羊

神に捧げる犠牲獣として用いられていたところから、人類の罪を取り除く犠牲としてのイエスをあらわす

魚

「イエス・キリスト、神の子、救い主」というギリシア語の頭文字を並べると、「イクトゥス＝魚」を意味することに由来する

鳩

オリーブの枝をもって箱船に戻ってきたというノアの洪水のエピソードから、神と人間の和解のシンボルとみなされている

鷲《わし》

空を飛ぶものの王を意味するところから、「イエスの昇天」のシンボルとみなされるようになった

ライオン

ライオンの子は父親に息を吹きかけられてはじめて生を得るとのエピソードから、「イエスの復活」のシンボルとされる

白ユリ

純潔性、処女性をあらわすとされている。聖母マリアの象徴として用いられることが多い

三つ葉のクローバー

三つのものが一つとなっていることから、キリスト教独自の神の解釈である「三位一体なる神」を象徴している

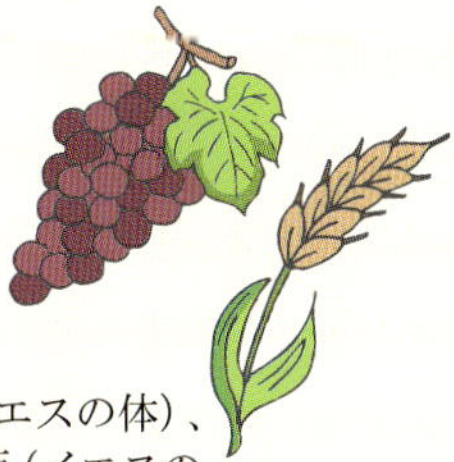

麦と葡萄《ぶどう》

麦はパン（イエスの体）、葡萄は葡萄酒（イエスの血）をあらわす。両者を組み合わせると、聖体拝領の儀式（→78P）を示す

聖人像
いろいろなポーズをとるイエスとマリア

イエス像の3タイプ

磔のイエス像
イエス像の基本形。十字架にかけられ、人類の罪を贖う

み心のイエス像
左手で心臓を指さし、人々への愛を示している

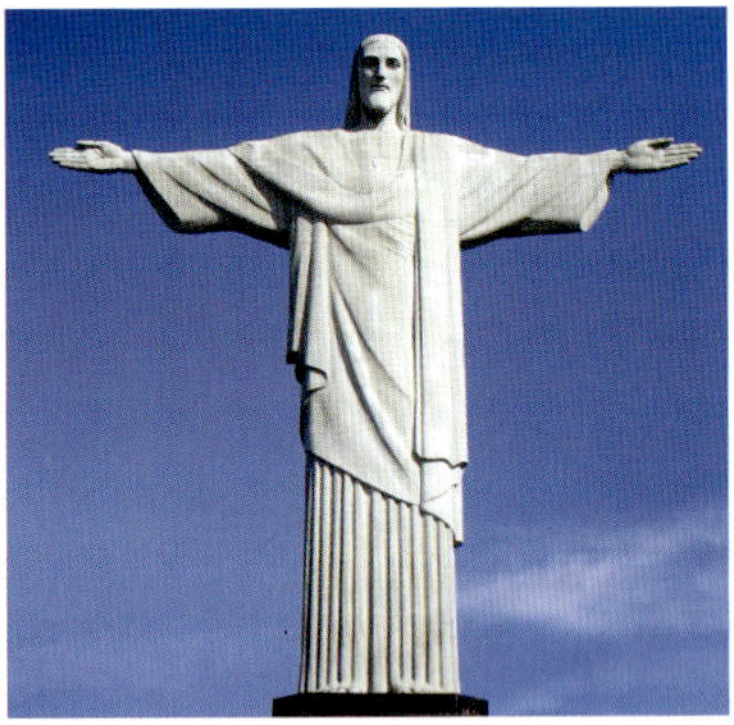

復活のイエス像
手を広げ、平安・祝福を贈る姿をあらわしている

聖人たちが示すメッセージ

カトリックでは聖像崇拝がさかんに行われている。そのため、ほとんどの教会が教会堂内や門の近く、中庭などにイエス像やマリア像を置いている。

最もよく見られるのは磔のイエス像だ。これはイエスが十字架にかけられた残酷な場面をモチーフにした像だが、イエスみずからが犠牲となって人類の罪を贖った証であるため、礼拝対象とされている。

イエス像のなかには、浮かび上がった心臓を左手で指さしているものや、両手を広げているものもある。前者は

マリア像の2タイプ

聖母子像

幼いイエスを抱きかかえている。王冠をかぶることにより、マリアが女王、イエスが天地の王であることを示す

ルルドのマリア像

ルルドの少女の前にあらわれた聖母マリアの像。洞窟に置いて伝説を忠実に再現している

イエスの心が愛で満ちあふれていることを人々に示す「み心のイエス像」、後者は平安や祝福を贈る姿を示す「復活のイエス像」である。

一方、マリア像には聖母マリアが一人で立っている像と、幼いイエスを抱いている「聖母子像」の2種類がある。

マリア一人の像で多いのが「ルルドのマリア像」。19世紀、フランスのルルドという村の少女の前にあらわれたとされるマリアの姿を再現したものだ。マリアのお告げどおりに少女が洞窟を掘ると、水がわき出したという。そこで中庭などに洞窟をつくってマリア像を置いている教会が少なくない。

イエスとマリア以外の聖人の像を安置する教会もある。イエスを育てたマリアの夫ヨセフや、イエスの十二使徒《しと》の一人であるタダイ（タデオ）などがその代表例としてあげられる。

教会堂の内部を見る

聖堂（礼拝堂）教会堂において中心となる部屋

内陣と会衆席に分かれる

キリスト教の教会堂において中心となる部屋を、カトリックでは「聖堂」、プロテスタントでは「礼拝堂」という。

聖堂（礼拝堂）は正面の扉を開けたところに広いスペース、高い天井をもってつくられており、信徒が集まって神に祈りを捧げたり神父（牧師）が説教をしたりする。ミサ（礼拝）などの儀式が行われるのもここである。

その構造は、内陣と会衆席とに分けられる。一段高くなっている内陣は聖職者専用の空間で、祭壇や説教台が設置されている。聖なる場なので、一般

平面図 内陣と会衆席に分かれている。聖職者以外は内陣に立ち入れない

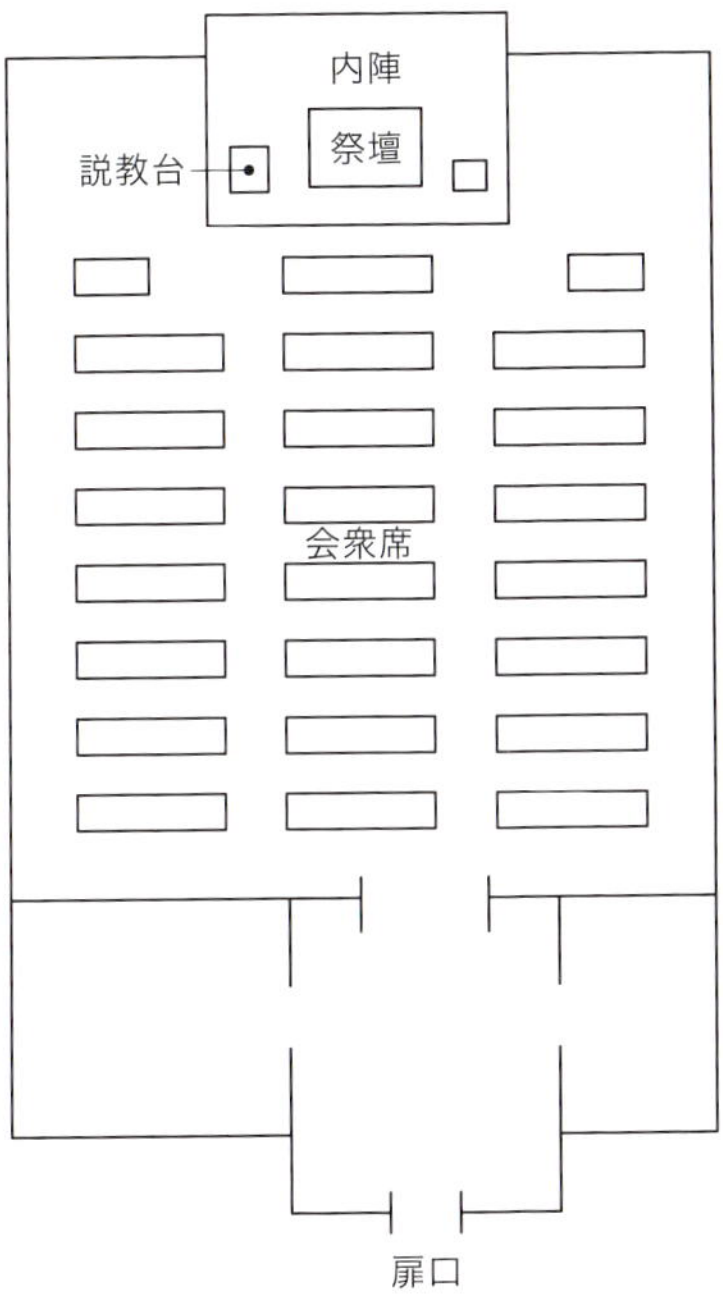

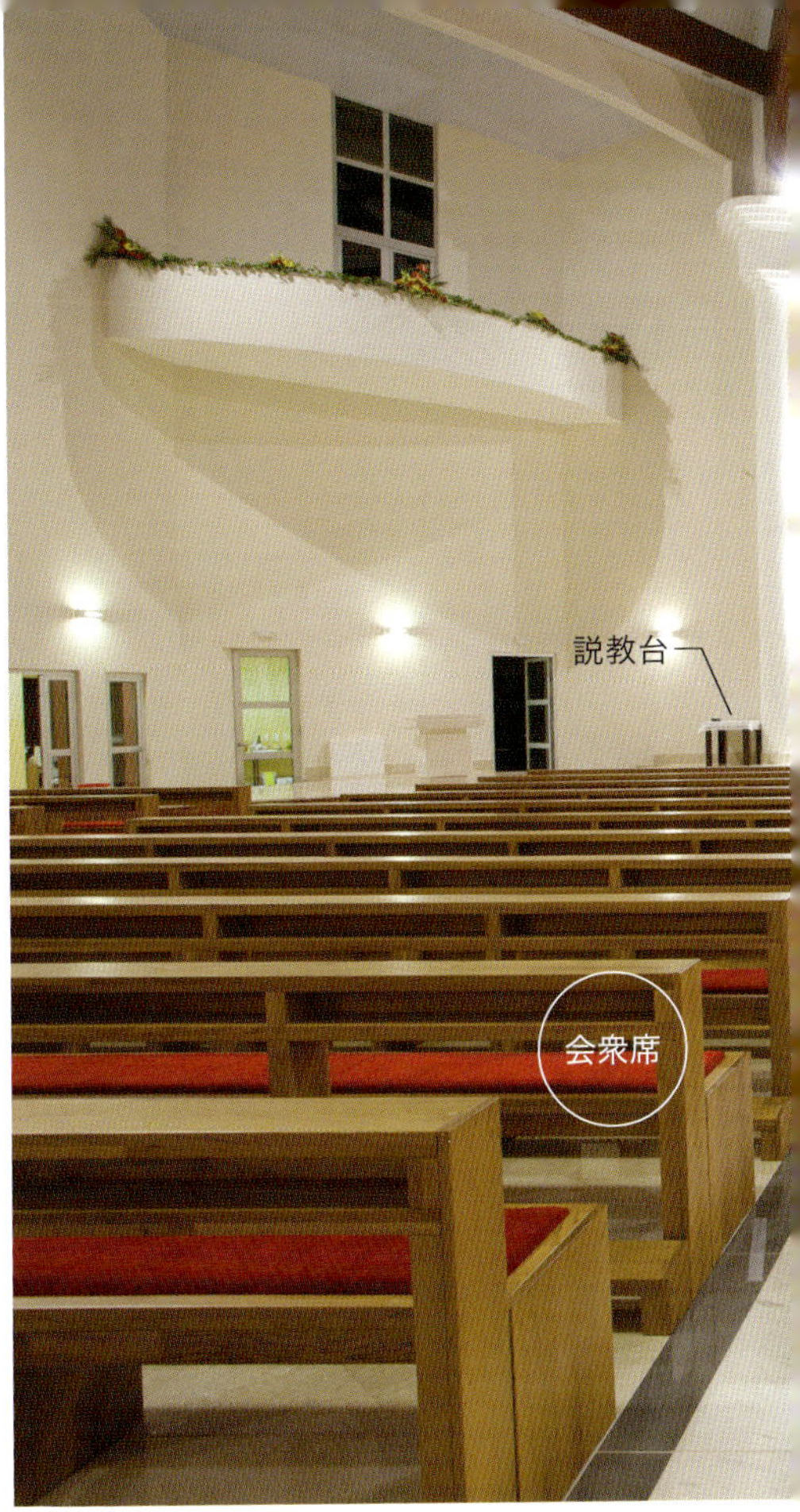

カトリックの聖堂の一例

の人々が立ち入ることはできない。

会衆席は、文字どおり信徒や一般の人々が座るための空間。見学に訪れたときにはここに座るようにしよう。

✝宗派による呼称の違い

	カトリック	プロテスタント
教会の中心となる部屋	聖堂（御聖堂《おみどう》）	礼拝堂
集会	ミサ	礼拝
神への讃歌	聖歌	讃美歌
聖職者	司祭（神父）	牧師

祭壇
「イエスの犠牲」と「祝いの食卓」の象徴

教会堂で最も重要な場所

聖堂（礼拝堂）の内陣には祭壇が設けられている。ミサ（礼拝）などを行ったり、神に供物を捧げるときに使う、教会堂で最も重要な場所の一つだ。

祭壇は四角い箱形が一般的だが、丸いテーブル形もある。

通常、装飾にはイエスや聖人の姿を描いた背障（レレドス）と呼ばれるつい立てがついている。また、周囲には儀式で用いる祭器や燭台《しょくだい》（蝋燭《ろうそく》立て）、聖杯などが飾られることが多く、それらが華やかな雰囲気を演出している。

祭壇をどのように解釈するかは宗派によって異なるが、主に次の二つを象徴しているといわれる。

一つは供犠の場だ。イエス在世の時代は祭壇の上で神に動物の犠牲を捧げるのがしきたりとされており、イエスの死も人類救済のための犠牲と考えられた。したがって教会堂の祭壇は、その犠牲を思い起こし、再現する場の象徴とみなされるのである。

もう一つは、祝いの食卓の象徴だ。イエスは磔刑に処される日の前夜に12人の弟子たちと最後の晩餐《ばんさん》（→61P）をとり、翌日処刑されたのちに復活した。

供犠の場と祝いの食卓。祭壇はこの二つの象徴とされているのである。

祭壇が象徴するもの

①**供犠の場**………イエスはみずから犠牲となり、人類を救済した。その犠牲を思い起こし、再現する場の象徴

②**祝いの食卓**……イエスが弟子たちと食事をともにした最後の晩餐の象徴

✝祭壇は教会堂の心臓部

祭壇は儀式を行ったり、神に供物を捧げるためにつくられた壇。教会堂で最も重要な場所の一つ

✝祭壇の装飾

ドミニカ教会（オーストリア）

オビスポ・デ・マドリード教会（スペイン）

祭壇はイエスやマリアなどの姿を描いた背障（レレドス）や祭器などで華やかに演出される

聖櫃

なぜ、パンの入った箱が神聖視されるのか？

パンはイエスの体

祭壇とともに教会堂で最も重要とされているのが「聖櫃」と呼ばれる箱だ。旧約聖書に登場する「契約の箱」に由来するもので、通常は祭壇のすぐそばに置かれている。

聖櫃のなかに何が入っているのかというと、パンである。このパンが「聖体拝領」と呼ばれるミサの際になくてはならないのだ。

イエスは最後の晩餐で、「これは私の体だ」と言って弟子たちにパンを渡し、「これは多くの人のために流す私の血である」と言って葡萄酒を与えた。この行為が聖体拝領の中心的儀礼として今に受け継がれている。

聖体拝領では、聖櫃に入れられていたパンの一片一片が神父の手によって参会者の口に入れられる。

このパンは単なるパンではない。聖体、つまり聖別（聖なるものにするために清めること）されたイエスの本当の体だ。したがって、聖櫃もまた単なるパンの保存箱ではなく、聖体を安置する神聖な箱とみなされるのである。

なお、聖櫃のそばにある赤いランプが点灯していたら、それは聖櫃のなかに聖体が保存されていることを示すしるしである。

聖櫃には何が入っている?

赤いランプは聖別されたパン(聖体)がなかに入っているしるし

ミサで聖別されたパン。「聖体」と呼ばれ、イエスの体をあらわす

聖体拝領と呼ばれるミサで、神父がパンの一片一片を参会者の口に入れる

KEYWORD

最後の晩餐

レオナルド・ダ・ヴィンチの絵でも知られる「最後の晩餐」。これは文字どおり、イエスが処刑される前夜に12人の弟子たちとともにした最後の食事を意味する。その後、イエスは十字架にかけられて死に、そして復活した。信徒たちは最後の晩餐でイエスから与えられたパンと葡萄酒をともに食することにより、イエスの死と復活がそのつど再現され、永遠の生命にあずかれると考えた。そこで後年もイエス復活の日(週の1日目=日曜日)に集まり、最後の晩餐を模した儀式を行うようになったのである。

十字架の道行

14点の絵がイエスの苦しみを示す

第1留

イエスが裁判で死刑判決を受ける

第2留

十字架を背負ったまま歩かされる

第3留

十字架の重さに耐え切れず倒れる

第8留

悲しむ女性たちを慰める

第9留

三たび倒れる

第10留

まとっていた衣を脱がされる

イエスの苦しみを疑似体験

教会堂の両側の壁には、片側7点、合計14点の絵やレリーフが掲げられている。「十字架の道行」、あるいは「悲しみの道」と呼ばれるものだ。

イエスがユダヤ教徒によって有罪判決を受け、十字架にかけられて処刑され、葬られるまでの過程が、14の場面に分けて描かれている。それぞれの場面は「留《りゅう》」と呼ばれ、信徒は各場面の前で立ち止まって、イエスの苦しみを感じ、黙想しながら進んでいく。

聖地エルサレムには、イエスが実際にその道を通って死に至ったとされる

第4留

聖母マリアがあらわれる

第5留

キレネのシモンに助けられる

第6留

聖ベロニカがイエスの顔をぬぐう

第7留

再び倒れる

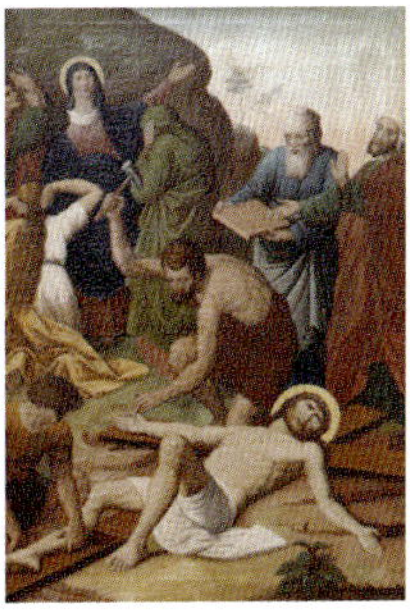

第11留

手のひらと足に釘を打たれる

第12留

十字架の上でついに息絶える

第13留

イエスの遺体が降ろされる

第14留

亜麻の布に包まれ埋葬される

「悲しみの道」があり、現在でも多くのキリスト教徒が訪れ、祈りを捧げている。ただ、すべてのキリスト教徒がエルサレムを訪れることができるわけではない。そこで各地の教会堂に十字架の道行が掲げられるようになったのである。

十字架の道行はここにある

十字架の道行は教会堂の壁に片側7点ずつ、合計14点掲げられていることが多い

教会堂の内部を見る

天井 ドーム形、半円形アーチ、尖頭アーチとさまざま

時代とともに形が変化

教会建築の特徴は、天井にもあらわれる。天井は建築様式ごとに形状が異なり、そこを見れば教会堂ができた時代をある程度推測することができる。

ビザンティン様式の教会堂は、ハギア・ソフィア大聖堂（トルコ）を見てわかるように、ドーム形の天井が多い。

このタイプの天井はペンデンティブ工法を用いてつくられた。正方形の部屋の四隅から内側に反った四つの曲面で逆三角形を立ち上げ、上部で円形に交える。その上にドームをつくるのだ。

ロマネスク様式の天井の特徴は半円形アーチだ。円筒形の「トンネル形ヴォールト」と、トンネル形ヴォールトを二つ交差させた「交差ヴォールト」の天井があり、初期はトンネル形ヴォールトが身廊でよく使われたが、後期になると交差ヴォールトが増えた。

これとは対照的に、尖頭アーチを特徴とするのがゴシック様式の天井だ。

尖頭アーチは、二つの円弧を組み合わせることで頂部を尖らせる。半円形アーチと比べて天井を高くしやすく、しかも視線を上へと導く効果がある。高層建築は不安定になりがちだが、ヴォールト工法を発展させた「リブ・ヴォールト」を用いて補強した。

COLUMN 異色のバロック天井

バロック様式の教会の天井は、浅い曲面をもつ天井が多い。それを利用し、絵画と一体化した天井となったのがローマのサンティニャーツィオ聖堂の天井（→33P）だ。天井に描かれた絵画が建築の装飾部分にはみ出していて、どこまでが建築で、どこからが絵画かがはっきりとわからない。つまり、「だまし絵」である。これぞバロックといった感じの天井になっており、一見の価値がある。

天井の種類

ビザンティン様式……ドーム形が多い

正方形の平面の上にドームをかけ、ドームが天から吊り下げられているようなつくりにしている

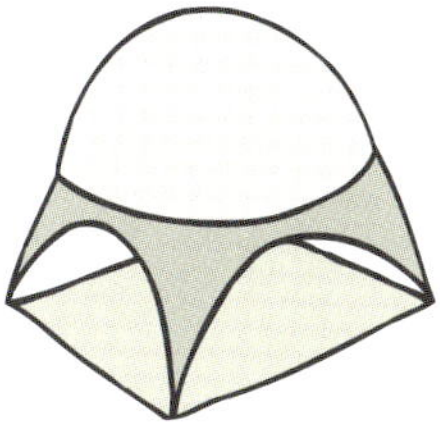

ペンデンティブ・ドーム

ハギア・ソフィア大聖堂（トルコ）

ロマネスク様式……半円形アーチが多い

半円形アーチを基本にトンネル形ヴォールトや交差ヴォールトをつくり、曲面の天井にする

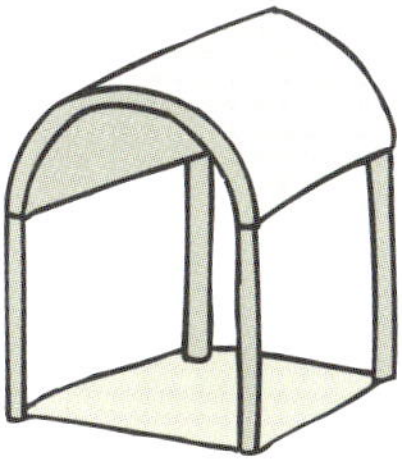

トンネル形ヴォールト

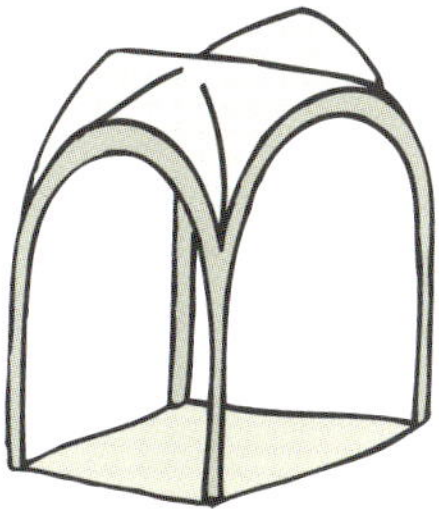

交差ヴォールト

シュパイヤー大聖堂（ドイツ）

ゴシック様式……尖頭アーチが多い

尖頭アーチで天井を高くし、ロマネスク様式のヴォールト工法の発展型であるリブ・ヴォールトで補強する

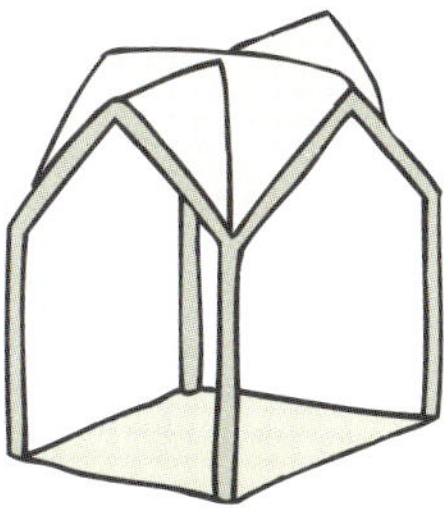

リブ・ヴォールト

サント・シャペル（フランス）

装飾品

モザイク画 色ガラスや大理石を用いてつくる芸術

ハギア・ソフィア大聖堂(トルコ)のモザイク画

何百年も輝き続ける

モザイク画は教会堂の天井や床、壁面の装飾に用いられる技法の一つで、キリスト教の成立当初からさかんに描かれてきた。

そもそもモザイク画とは、色ガラスや大理石、金箔《きんぱく》などを漆喰《しっくい》に埋め込んでつくった絵や文様のこと。ガラスや大理石の小片は「テッセラ」と呼ばれ、職人の手で一つずつ微妙に角度を変えて埋め込まれる。そのためガラスの透明感や光の乱反射によって聖人の姿や文様は輝きを増し、浮かび上がってくるように見える。

その技法ゆえ色あせないのが特徴で、何百年でも制作当時の輝きを保つことができる。

大理石のモザイク画はキリスト教の成立以前から存在しており、主に床の装飾に用いられていた。当時は石片を材料とするものが主だったが、色ガラスを焼きつけて材料とすることで、多彩で精緻な描写が可能になった。

モザイク画の傑作はハギア・ソフィア大聖堂(トルコ)をはじめとするビザンティン様式の教会堂に多数残っている。また、イタリア北部のラヴェンナも貴重なモザイク画が残る「モザイクの古都」として知られている。

✝モザイク画の傑作

サン・ヴィターレ聖堂（イタリア・ラヴェンナ）の内陣に描かれたモザイク画。中央のイエスを天使や動植物が取り囲み、その周囲に鮮やかな幾何学模様が配されている

Zoom Up!

モザイク画の拡大図。色ガラスや大理石を漆喰の地に埋め込んで絵を描く。金箔をちりばめることもある

深い青色を基調としたガッラ・プラキディア廟（ラヴェンナ）のモザイク画

ネオニアーノ洗礼堂（ラヴェンナ）のモザイク画。イエスの洗礼と十二使徒が描かれている

装飾品

フレスコ画 歴史的名作を多数生んだ壁画の技法

システィーナ礼拝堂（イタリア）の天井に描かれたフレスコ画。ルネサンス期の天才ミケランジェロが、4年かけて完成させた。聖書にある天地創造から大洪水までの9場面がテニスコートほどの大きさで描かれている

モザイクに代わる新技術

モザイク画は素材が高価すぎるせいか、または制作に膨大な時間と労力がかかるせいか、時代とともに人気がなくなっていった。代わって教会装飾の主流となったのがフレスコ画である。

フレスコ画は、壁に塗られた薄い漆喰の表面がまだ乾かないうちに、顔料（鉱物の粉）を塗って絵を描く技法。描き直しが難しく、熟練の技が必要とされる。それでもギリシア、トルコなどのビザンティン建築で多用され、イタリアでもミケランジェロなどがその技法を用いて傑作を残した。

ミケランジェロのフレスコ画

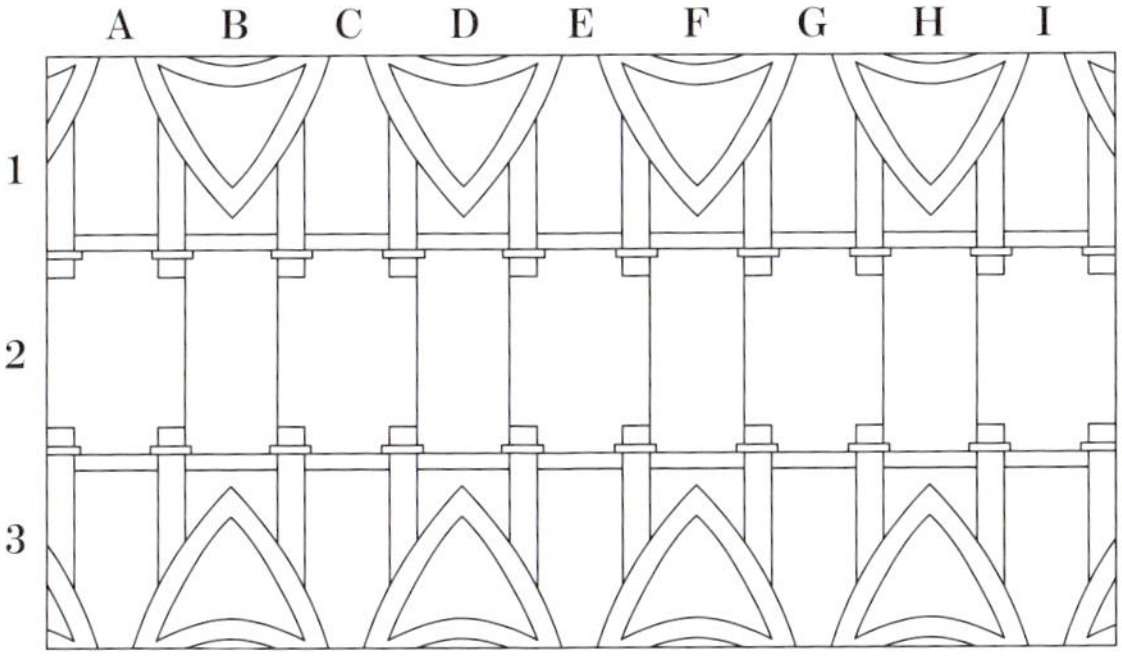

A-1　デルフォイの巫女《みこ》
A-2　ノアの泥酔
A-3　預言者ヨエル
B-2　大洪水
C-1　預言者イザヤ
C-2　ノアの燔祭《はんさい》
C-3　エリトリアの巫女
D-2　アダムとエヴァ
E-1　クマエの巫女
E-2　エヴァの創造
E-3　預言者エゼキエル
G-1　預言者ダニエル
G-2　大地と水の分離
G-3　ペルシアの巫女
H-2　天体の創造
I-1　リビアの巫女
I-2　光と闇の分離
I-3　預言者エレミア

ビザンティン様式の教会のフレスコ画

フレスコ画の外壁装飾
スチェヴィツァ修道院（ルーマニア）。この地域の聖堂はみな外壁がフレスコ画で装飾されている

聖母子像
コーラ修道院（トルコ）。マリアがイエスを抱いている聖母子像。青金石を使った背景の青色が印象的だ

装飾品

ステンドグラス
宝石のような輝きが人々を魅了する

ステンドグラスにはイエスの生涯や聖書の一場面、花や十字架などのシンボル、幾何学模様などが描かれている。そこには言葉で教えを理解するだけでなく、美しいビジュアルを見ることで文字を読めない人に神を感じとってもらおうというメッセージが込められているといわれる。また、外からの光がステンドグラスを通過すると、教会堂のなかがさまざまな色の光で彩られ、それによって神秘的なイメージがより引き立つというメリットもある。

ステンドグラスは芸術作品としての美しさと鮮やかな光の美しさを、教会堂内にもたらしているのだ。

ゴシック様式と相性抜群

教会堂内の装飾品としては、ステンドグラスも忘れてはならない。着色されたガラスや色大理石を用いて絵や文様をあらわすステンドグラスは、絵画や彫刻などと並ぶ教会芸術の代表格だ。

ステンドグラスは古くから存在していたが、12世紀頃までの教会堂は側面の大部分が壁で覆われており、窓をつくる余裕がなかったため流行しなかった。しかし12世紀半ば以降、壁の少ないゴシック様式の教会堂が登場すると、大きな窓にはめ込まれるステンドグラスが隆盛をみることになる。

COLUMN

ステンドグラスの作り方

まず実物大に引き伸ばした下絵をトレースして切りとり、ガラスをカットする。次にガラスに顔料で絵を描き、窯で焼きつける。その後、ガラス・ピースを組み立て、建物の開口部に取りつける。1000年以上ほとんど変わっていない製法だ。

ステンドグラスの形

バラ窓
バラの花のような円形の窓。中心には
イエスを抱く聖母の姿が見える

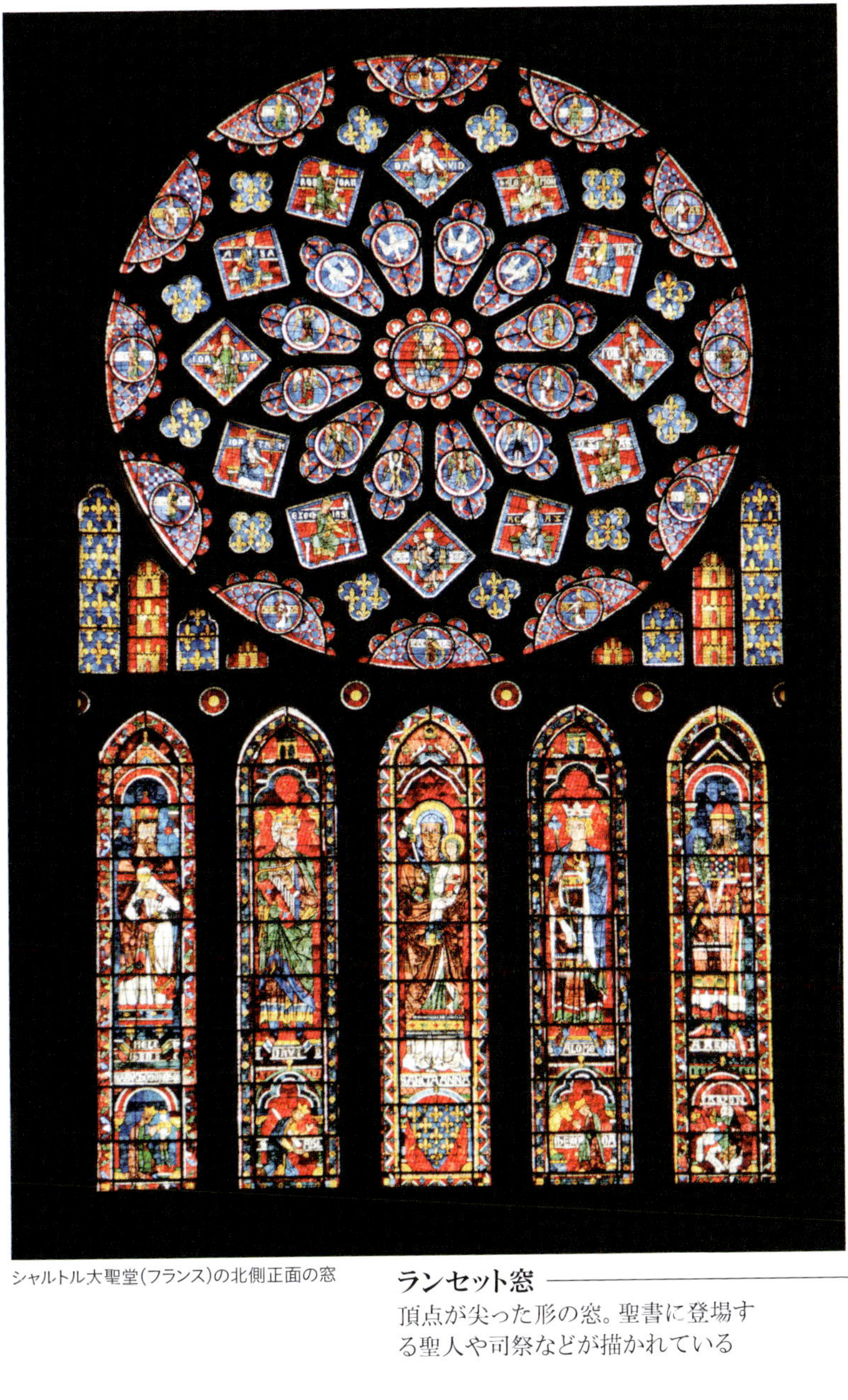

シャルトル大聖堂(フランス)の北側正面の窓

ランセット窓
頂点が尖った形の窓。聖書に登場す
る聖人や司祭などが描かれている

✝ステンドグラスの主なモチーフ

イエスをはじめとする聖人たち

イエスの生涯を描いた物語

楽器を奏でる天使たち

人類救済の象徴である十字架

花や蔦などの植物

羊などの動物たち

COLUMN

ステンドグラスの美しい教会

世界各地の教会がステンドグラスを用いて教会堂の内部を美しく彩っている。なかでも世界的に名の知れたステンドグラスを備えているのが、次の六つの教会である。

サント・シャペル（フランス）
窓のスペースを極限まで大きくし、そのスペースをステンドグラスで埋め尽くしている

ケルン大聖堂（ドイツ）
バイエルン王ルードヴィッヒ1世が奉納したことから「バイエルン窓」と呼ばれている

サグラダ・ファミリア（スペイン）
きわめてユニークな外観で知られる教会だが、内部のステンドグラスも独特のデザイン

メス大聖堂（フランス）
20世紀を代表する画家シャガールが手がけたステンドグラス

カテドラル・メトロポリターナ（ブラジル）
天井が十字架の形になっており、そこからステンドグラスが四方に延び広がる

カンタベリー大聖堂（イギリス）
総面積が1200㎡にのぼるほど大きく、太陽光を受けて放たれる光が神々しく感じられる

装飾品

怪物の彫像
神聖な教会堂に怪物がとりついているワケ

聖ヴィート大聖堂（チェコ）

ミラノ大聖堂（イタリア）

不気味だから意味がある

教会堂の彫像といえば、イエスやマリアをはじめとする聖人、もしくは十字架などをイメージする人が多いだろう。だがときどき、怪物の彫像が飾られていることもある。

山羊の頭をもつ鳥、空飛ぶ魚、翼のある犬、両手で口を開いて驚く鬼、蛇を首に巻きつけた女……。なんともグロテスクな怪物の彫像が、平然と置かれているのである。なぜ、こうした恐ろしい彫像が飾られているのか。

中世には古代の彫像などが魔術的な力をもつと考えられていた。そのため、

✝ノートルダム大聖堂の怪物たち

キマイラ
もともとはギリシア神話の怪獣。魔よけとして塔周辺の回廊に置かれている

ガーゴイル
雨水が怪物の口から排出されるしくみになっている

ノートルダム大聖堂（フランス）

いろいろなガーゴイル

シュテファン大聖堂（オーストリア）

人間や動物の頭部をモチーフにした異教に由来する彫像を、教会堂の門や扉、壁などに魔よけとして用いたのだ。「ガーゴイル」と呼ばれる怪物の彫刻のように雨水の排出機能をもつものもあるが、基本的には魔よけの役割が大きい。

COLUMN

怪物はまだまだいる……

植物の葉そっくりの髪やひげをもつグリーンマン［右］、怪物にまたがる犬頭人、人魚など、人間と動植物を合体させたような怪物も少なくない。グロテスクだが、どこかユニークで面白い。

教会訪問時のマナー

教会堂に入る前にマナーを知っておく

教会は神聖な場所

教会は、キリスト教徒でなくても誰でも訪ねていける場所である。儀式に参加する目的で訪れてもよいし、観光で訪れてもよい。

だがいずれにしても、教会を訪問する際には守るべきマナーがあることを知っておかなくてはならない。

まず教会訪問にふさわしい服装かどうかを確認しよう。教会は神聖な場所だから、派手な服、極端に肌の露出が多い服は避けるようにする。できればトイレも事前に済ませておきたい。

教会堂には一礼してから入り、入口付近にある聖水盤で手（指先）を洗い、身を清める。

その後、カトリックでは正面の十字架や祭壇に向かって十字を切る（↓39P）。十字の切り方がわからなければ、省略してもよい。

それから通路を進んで静かに席に着き、神に祈りを捧げる。祈りが済んだら、通路で一礼して退場する。これが礼拝の大まかな流れだ。

あまりかしこまる必要もないが、神のいる神聖な場所であることは常に意識しておこう。大声で話したり携帯電話を使用したり、走り回ったりして厳かな雰囲気を乱すのは絶対にNGだ。

教会堂に入る前にココをチェック

✓神聖な場所にふさわしい服装か？

教会は神がおわす神聖な場所。派手な服、極端に露出が多い服は避ける。帽子をかぶっている場合、事前に脱いでおく

✓トイレは済ませたか？

教会堂内のトイレは信徒のためのものなので、できるだけ使用しない。とくにミサの日などは外で済ませてから入る

✝いざ、教会堂のなかへ

1

身を清める
入口付近に聖水の入った聖水盤がある。そこで手（指先）を洗い、身を清める

2

椅子に座る
通路を静かに進み、椅子に座る。席はとくに決まっていないので、どこでもよい

3

祈りを捧げる
神に祈る。願い事をするのでなく、自分の心をそのまま神に差し出すようにする

教会堂内での NG行為

①内陣（奥の一段高くなっているところ）は最も神聖な場所。決して立ち入ってはいけない
②原則として写真撮影は慎むこと。撮りたいときには許可を得る
③飲食や喫煙は禁止されている。携帯電話やスマートフォンの使用も控えるようにする
④大声で話したり、走り回ったりするのも厳禁。子ども連れのときは同伴者が気をつける

内陣に入れるのは聖職者だけ

写真は許可を得てから撮る

ミサ

定例のミサはどんな流れで行われるのか?

神に祈りを捧げるキリスト教徒

二部構成で進む

カトリックの教会では毎日ミサが行われている。日曜日や祭日のミサにはとくにたくさんの信徒が教会堂に集まり、神に祈りを捧げる。

そもそもミサとは、イエスの死と復活を記念し、みなで集まって神に祈りを捧げる儀式のこと。カトリックではミサが非常に重視されており、熱心な信徒は、たとえ旅行中であっても、日曜日になるとミサが行われる教会を探して参加するほどだ。

ミサは信徒だけでなく、誰でも参加することができる。はじめて参加するとわからないことが多いが、日曜日の定例ミサは次のような流れで進む。

まず司祭が聖書を朗読し、説教(読んだ一節の解説)がなされる。ここまでを「言葉の典礼」という。

次に「感謝の典礼」に入る。司祭はパンと葡萄酒を手にとって、イエスの血肉であることを宣言(聖変化)。それを信徒が受けとり口にする(聖体拝領)。

聖体拝領を受けられるのは信徒に限られるが、見学するだけなら一般の人でも可能である。日曜日のミサはだいたい40~60分くらいで終わり、生誕祭や万聖節といった祭日に行われるミサは少し長くなることがある。

✝ミサの流れ

1 聖書朗読

聖書のなかから一節が選ばれ、司祭による朗読が行われる

2 説教

①で読んだ聖書の一節が詳しく解説される

3 聖変化

司祭がパンと葡萄酒を手にとり、イエスの血肉であることを宣言

4 聖体拝領

祈りのあと、聖別されたパンと葡萄酒が信徒に与えられる

言葉の典礼 → 感謝の典礼

COLUMN

教会で結婚式をあげる

通常は希望すればキリスト教徒でなくても結婚式をあげられる。そのため、日本人の挙式スタイルは「教会式」が徐々に増えている。カトリックの教会では開祭→言葉の典礼(聖書朗読、説教)→結婚の儀→閉祭という流れになり、信徒同士の結婚の場合は式のあとにミサが入る。

キリスト教の主な祝祭日

復活祭
［春分の日後、最初の満月直後の日曜日］

「イースター」ともいう。イエスの復活を祝して祈りを捧げ、家庭では復活のシンボルである卵を飾る

聖ヨセフの祭日
［3月19日］

聖母マリアの夫、またイエスの養父であるヨセフの祭日を祝う

神の聖母マリアの祭日
［1月1日］

イエス生誕から7日目にあたるこの日は、イエスの命名日でもあり、神の母となった聖母マリアを祝う

6月	5月	4月	3月	2月	1月

イエスの洗礼を行ったヨハネの誕生を祝う。生誕日が祭日となっているのは彼とイエス、マリアだけ

洗礼者聖ヨハネの誕生の祭日
［6月24日］

神の言葉と神の母となった聖母マリアを祝う。東方正教の「聖母の祝日」がルーツとされている

神のお告げの祭日
［3月25日］

信徒が死と痛悔の必要を想起する日。ミサでは神父が祈りとともに少しの灰を信徒の頭にふりかける

灰の水曜日
［復活祭の46日前の水曜日］

無原罪の聖マリアの祭日
［12月8日］

聖母マリアはイエス同様、アダムとエヴァの原罪から保護された人とされる。そのことを祝う

諸聖人の祭日
［11月1日］

「万聖節」ともいい、すべての聖人を祝う。10月31日に行われるハロウィンは前夜祭にあたる

聖ペトロ・聖パウロ使徒の祭日
［6月29日］

キリスト教が成立してまもない頃、指導者として中心的な立場にあったペトロとパウロを祝う日

12月 | 11月 | 10月 | 9月 | 8月 | 7月

イエスの誕生を祝う。キリスト教徒にとっては、1年のなかで最も重要だと考えられている日

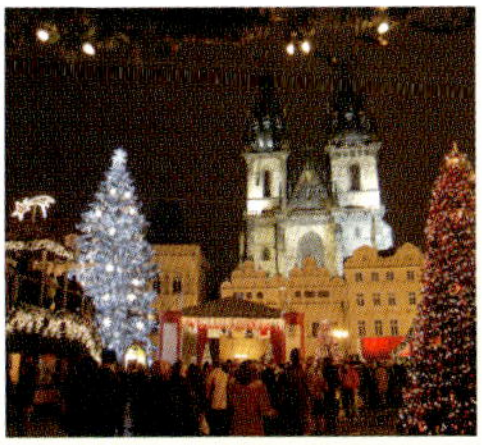

主の降誕（クリスマス）の祭日
［12月25日］

亡くなったすべてのキリスト教徒を祝う

死者の日
［11月2日］

被昇天とは、人生を終えて肉体と霊をともない天国に行くこと。この日は聖母マリアの被昇天を祝う

聖母の被昇天の祭日
［8月15日］

教会を訪れる

聖歌・讃美歌
音楽で神をほめたたえる

聖歌隊。ミサや礼拝のときに信徒の合唱を助ける

昔はプロしか歌えなかった

教会ではミサや礼拝のときに神をほめたたえる歌を歌う。一般にカトリックでは「聖歌」、プロテスタントでは「讃美歌」と呼ばれるものである。「クリスマス・キャロル」（きよしこの夜）や「アメイジング・グレイス」などの曲は、誰しも一度は耳にしたことがあるだろう。

多くの教会は、信徒が聖歌・讃美歌を歌唱するのを助けるために「聖歌隊」という合唱団をもっている。合唱はオルガンで伴奏することが多いが、大きな規模の教会になると、立派なパイプ

✝讃美歌の発展

中世以前

カトリックの教会ではプロの聖歌隊と聖職者のみがラテン語で歌い、一般の信徒が歌うことはなかった

斉唱するのは聖歌隊と聖職者のみ

16世紀

宗教改革を起こしたルターが民衆の言葉であるドイツ語で讃美歌をつくり、一般の信徒に斉唱させる

ルターの讃美歌「神はわがやぐら」の譜面

現在

16世紀以降、讃美歌は各国へ広まり、20世紀からはほとんどの教会で一般の信徒が斉唱するようになる

聖歌隊だけでなく、一般の信徒も斉唱する

オルガンを備えていたりする。

　キリスト教において、音楽は信仰と祈り、神への讃美を表現する手段と考えられており、聖歌・讃美歌はミサや礼拝に欠かせない。ただし、現在のように参加者一同が斉唱するスタイルが定着したのは、わりと最近のことだ。

　かつてカトリックの聖歌は、伴奏なし、しかもラテン語で歌うものだった。そのためプロの聖歌隊や聖職者しか歌うことができず、一般の信徒はただ聴いているだけだった。

　しかし16世紀の宗教改革の際、プロテスタントの祖となったルターが、聖職者と一般信徒の垣根をなくそうと、より親しみやすく誰もが歌える讃美歌を創作する。それがきっかけで讃美歌が各国へ広がり、20世紀からはカトリックの教会でもみなで斉唱するようになったといわれている。

洗礼

キリスト教徒になるにはどうすればよい?

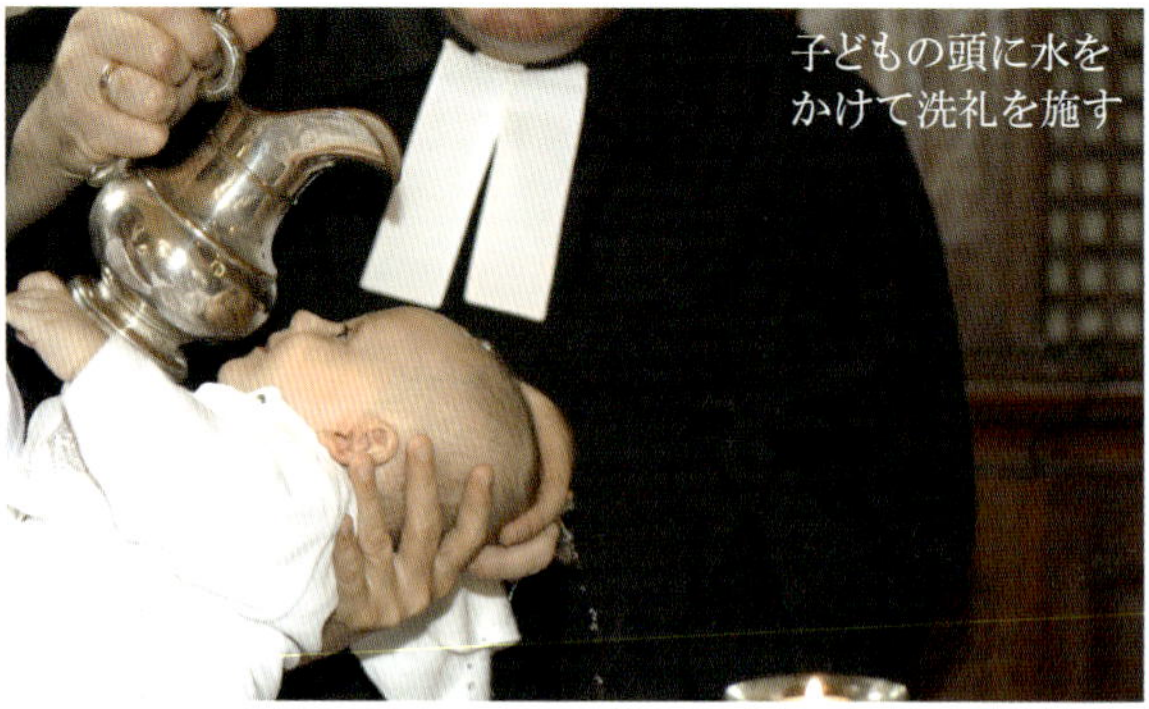
子どもの頭に水をかけて洗礼を施す

清めの儀式が必要

教会に通い、ミサに参加するなどしていると、キリスト教の教えに感銘を受け、自分も信徒になりたいと考える人もいるだろう。ではキリスト教に正式に入信する場合、どうすればよいのか。

キリスト教徒になるには、プロテスタントの一部の教派を除いて、「洗礼」を受けなければならない。

洗礼とは、全身を水に浸して心身を清める儀式のこと。ユダヤ教にルーツをもち、イエスもヨルダン川でヨハネから洗礼を受けたと伝えられている。

かつては全身を水に浸していたが、次第に簡略化されていき、現在ではカトリック、プロテスタント、東方正教の多くの教派で、司祭が「父と子と聖霊の御名によって」と唱えながら、入信希望者の頭に水を少しかけるだけという象徴的な儀式になっている。

キリスト教徒の家では、子どもが生まれたらすぐに頭に水をかけて洗礼を施す幼児洗礼が習慣化している。こうした無自覚な洗礼ではなく、自分の意思で入信を希望する場合は、ある程度教会に通ってキリスト教や神について理解を深めたのちに、司祭(牧師)に申し出て洗礼を受けるようにすればよい。

✝ 教会で行われる主な儀式とその呼称

	カトリック	東方正教	プロテスタント
キリスト教徒になるための儀式	洗礼	聖洗	洗礼
男女が夫婦となるための儀式	婚姻	婚配《こんぱい》	―
信仰を堅持するための儀式	堅信《けんしん》	傅膏《ふこう》	堅信 ※一部の教派のみ
臨終や病に接した信徒の額に聖油を塗る儀式	病者の塗油《とゆ》	聖傅《せいふ》	―
聖職者になるための儀式	叙階《じょかい》	神品《しんぴん》	―

ヨルダン川でヨハネの洗礼を受けるイエス。この儀式がやがてキリスト教徒の入信儀礼になった

COLUMN

"懺悔（さんげ）"のしかた

洗礼を受けたのちに間違いを犯してしまった、神に許しを乞いたい――。そんな思いを抱く信徒は告解（ゆるしの秘跡）を行う。告解室で司祭と一対一になって罪を告白し、司祭の勧めの言葉を聞くのだ。ただし、本人に悔い改めの気持ちがなければ成立しないので気をつけたい。

Tea time 教会をより深く理解するために……

大聖堂はこうしてつくられる

大聖堂の建設は、以下のように①石の切り出し、②石材の型合わせ、③彫り物、④組み立て、の4工程に分けて進められた。ケルン大聖堂のような超巨大建築を除けば、40～70年ほどで主要部分の完成にこぎつけたといわれる。日曜日と祝日は休み、土曜日は半ドンと、労働環境もさほど悪くはなかったようだ。

①石切り場から石を切り出す

②石片をモルタルなどでつなぐ

③細部に彫り物などを施す

④クレーンや人力で組み立てる

Chapter 3
一度は訪れたい 世界の教会・大聖堂 14選

世界にはさまざまな教会・大聖堂がある。本章では世界中の教会・大聖堂のなかから選りすぐりのものをピックアップし、その見どころを紹介する。

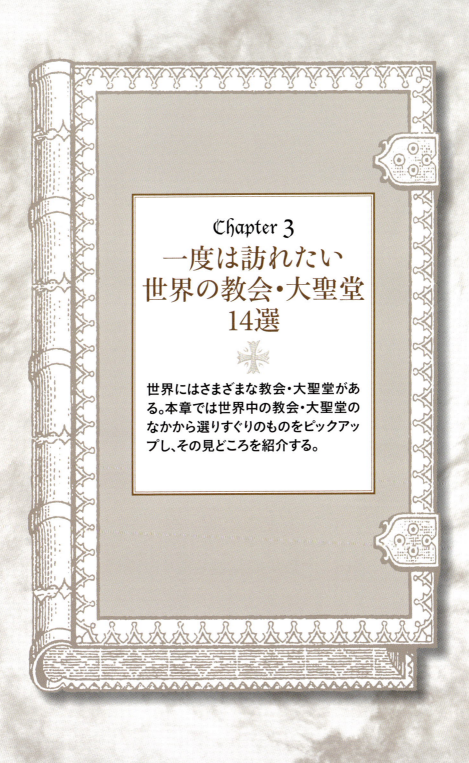

正面に見えるのがサン・ピエトロ大聖堂。その手前にはバロック期の奇才ベルニーニが設計したサン・ピエトロ広場が広がっている

壮大なスケールで迫るローマ・カトリック教会の総本山

サン・ピエトロ大聖堂

建築様式 ルネサンス、バロック

宗派 カトリック

完成 1626年

所在地 ヴァチカン

クーポラと大天蓋に注目

世界最小の国（面積０・４４㎢）として知られるヴァチカン市国は、ローマ・カトリック教会の総本山、つまりローマ教皇庁のことを指す。そこに鎮座している世界最大級の大聖堂がサン・ピエトロ大聖堂だ。

イエスの第一の使徒（弟子）ペトロが殉教《じゅんきょう》したと伝わる地に３２４年に創建され、14世紀からのルネサンス期に天才巨匠ミケランジェロらによる大改築がなされ、１６２６年に完成した。

大聖堂の内部に入ると、あまりの壮大さに圧倒される。とくに目を引くの

が、ミケランジェロが設計した高さ132mのクーポラ(ドーム)だ。さらにその真下には、バロック期の奇才といわれるベルニーニによる大天蓋《てんがい》がある。

　クーポラと大天蓋。ルネサンスとバロックの芸術の粋《すい》が、この大聖堂に集結しているのである。

Zoom Up!

信徒を出迎える聖人たち

正面入口の上には、イエスの11人の使徒の像が並んでいる

天国と地上の鍵を手にした第一の使徒ペトロの像。この大聖堂が建っているのは、彼が殉教したと伝わる地である

パウロの像。当初はユダヤ教徒としてキリスト教を迫害していたがやがて回心し、その後の人生をキリスト教の布教に捧げた

✝クーポラを見る

クーポラの下に見えるのがベルニーニ作の大天蓋。29mの高さがあり、主祭壇を覆っている

サン・ピエトロ大聖堂の断面図

大聖堂全体の面積は約2万3000m²もあり、約6万人を収容することができる

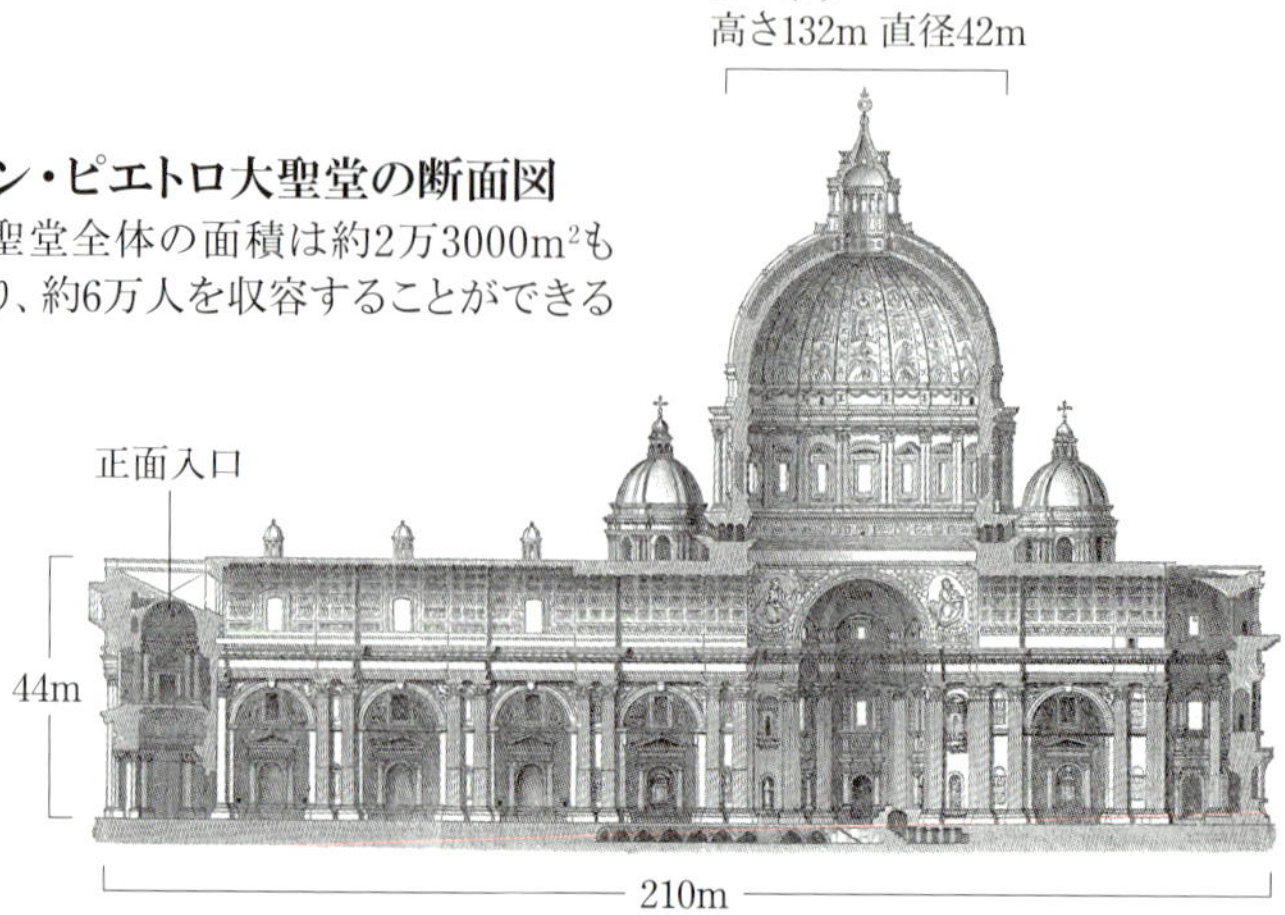

ミケランジェロの設計によるクーポラは高さ132m、直径42mにもおよぶ。
下から見ると、まばゆい光が降り注ぐ

サン・ピエトロ広場

サン・ピエトロ大聖堂

クーポラからの眺め

クーポラにのぼって外を見渡すと、サン・ピエトロ広場とヴァチカン市国の街並を一望できる。広場入口から大聖堂までの距離は約490m

ケルン大聖堂

600年かけて完成したゴシック様式を代表する大聖堂

ライン川から大聖堂を望む。ひときわ目を引く尖塔が町のランドマークとなっている

history

東方三博士

イエス誕生時に東方からやってきたとされる3人の博士。彼らの遺骨をおさめるということで大規模な聖堂になった

建築様式
ゴシック

宗派
カトリック

完成 1880年

所在地
ドイツ

天を目指して延びる双塔

高さ157m。山のように高いゴシック様式の大聖堂がケルン大聖堂だ。現在では200m以上の高層建築が多数存在するが、この大聖堂の完成当時はエジプトのピラミッドを抜いて世界最高の高さを誇っていた。

単に高いだけではない。扉や窓、彫刻類などの細部にまで精緻な装飾が施されている。しかも金属を使わず、石をひたすら積み上げることによってつくられているのだ。正面から見上げると、神のいる天を目指して屹立《きつりつ》する威容に圧倒され、神々《こうごう》しい心地を覚える。

Zoom Up!

①尖塔

高さ157mは完成当時世界最高だった。現在も161mのウルム大聖堂（→47P）に次いで世界2位を誇る

②扉口上部

聖母マリア（中央）と聖人たちが並ぶ。さらに上のアーチ部分には、イエスにまつわる精密な浮き彫りが施されている

内部のつくりも圧巻だ。身廊部分の天井の高さは40mを超え、ステンドグラスから幻想的な光が差し込む。「バイエルン窓」と呼ばれる5枚連作のステンドグラス、イエスが誕生したときにやってきたとされる東方三博士の遺骨をおさめる金細工の棺、聖クララの祭壇など、貴重な芸術品も多い。

大聖堂の建設が開始されたのは、1248年のことだった。ところが16世紀半ばには資金難で工事がストップしてしまい、その後300年以上も未完成のままの姿をさらし続けた。

工事は1842年に政府の援助を受けて再開され、1880年に完成。バロック様式が流行した時代を通過したことで、最初の設計のままの純粋なゴシック様式の建築物が再現された。工事中断期間があったがゆえに、バロックの影響を受けずに済んだのである。

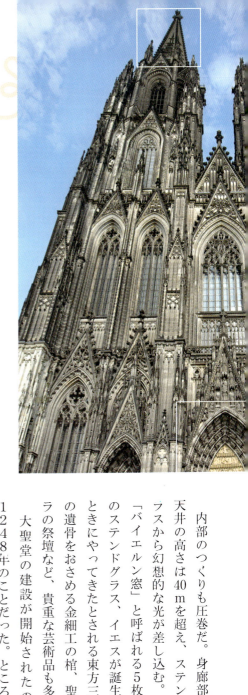

✝天井を見上げる

身廊部分の天井までの高さは40m超。高窓にはめ込まれたステンドグラスから光が差し込み、聖堂内を幻想的に照らし出す

聖堂内を彩る芸術品

東方三博士の棺

この金細工の棺のなかに、東方三博士の遺骨がおさめられていると伝わる。高さ2.2m、長さ1.5mの大きさはヨーロッパ最大級

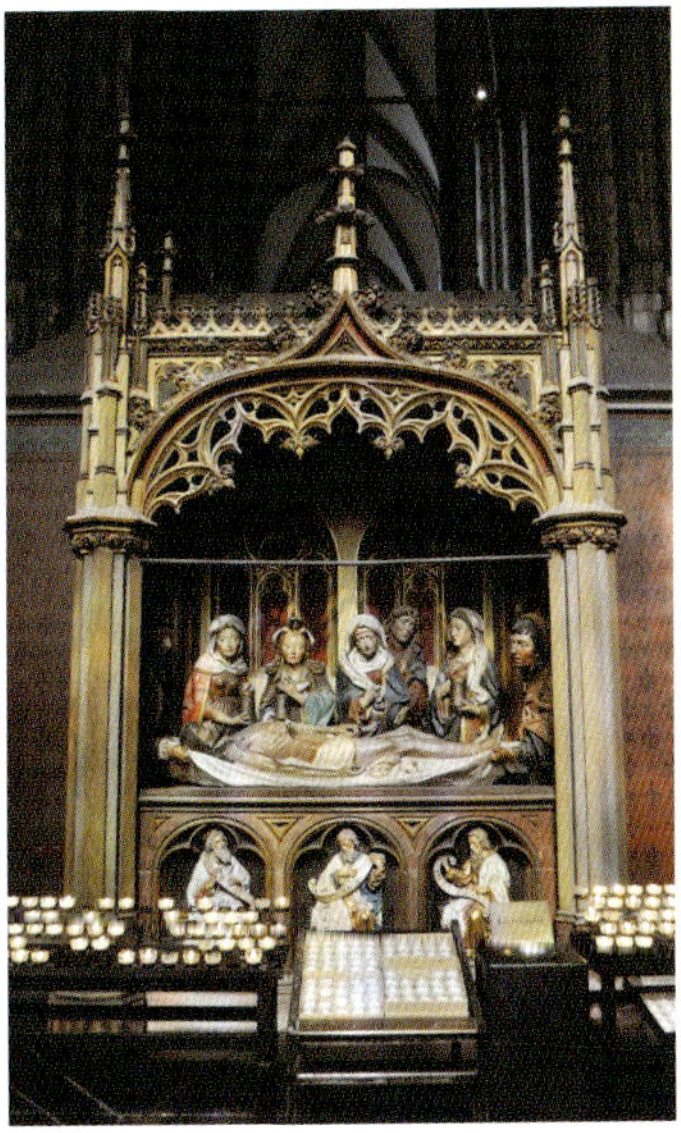

バイエルン窓

［右］

バイエルン王ルードヴィッヒ1世が大聖堂に奉納した5枚連作のステンドグラス

イエス埋葬の像

［左］

イエスの埋葬を主題に彫り起こされたネオゴシック彫刻の傑作

COLUMN

大聖堂が危機遺産に!

ケルン大聖堂は世界遺産の一つだが、2004年に「危機遺産」のリストに載せられてしまうという〝事件〟が起こった。危機遺産とは、自然災害や紛争などによって重大な危機にさらされている世界遺産物件のこと。当時、ケルン市がライン川東岸に高層ビル群の建設を計画しており、それによって大聖堂を含む景観が損なわれるというのが危機遺産指定の理由だった。街のシンボルが危機遺産になっては大変だということで、市は高層ビル建設計画を変更。なんとか無事にリストから外された。

奇才ガウディが設計した奇抜なデザインの未完作

サグラダ・ファミリア

建築様式
ゴシックリバイバル

宗派
カトリック

完成 2026年（予定）

所在地
スペイン

奇抜なデザインのサグラダ・ファミリアは、バルセロナの街で圧倒的な存在感を放っている

Check!

魔方陣

受難の門にある謎の数字。縦・横・斜め、いずれを足しても33、つまりイエスが亡くなった年齢になる

完成まではあと50年？

スペイン・バルセロナにあるサグラダ・ファミリア（正式名：聖家族贖罪教会）は、奇抜なデザインで知られ、常に多くの観光客を惹きつけている。

設計したのは地元出身の建築家ガウディ。カトリック団体から教会建設の依頼がきたとき、彼は貧しい暮らしを強いられており、また親兄弟を相次いで亡くしたこともあって、神に対して不信感を抱いていた。だが司祭に勧められてキリスト教関連の書物を読むうちに神の存在を実感し、１８９１年に建設依頼を受諾したという。

Zoom Up!

外観の装飾

四つの塔の先端には、イエスの使徒をモチーフにした杖《つえ》がデザインされている

「生誕の門」の彫刻。イエスが誕生した喜びをテーマとしてつくられている

色鮮やかな果物のオブジェ（西側は秋の果物、東側は春の果物）

中央の四つの塔の高さは100m近く。今後さらに170mの中央塔が建設される予定だ

サグラダ・ファミリアで最も印象的なのは、やはり塔だろう。大規模な教会でも双塔がせいぜいなのに、この教会は１００ｍ近い高さの塔を四つももっているのだ。

また、ファサード（建物正面）が三つあり、東が「生誕の門」、西が「受難の門」、南が「栄光の門」と名づけられている。つまり、イエスの生誕から受難、復活が表現されていることになる。

内部はバシリカ式で、「自然」がモチーフになっている。具体的には聖なる山モンセラットをモデルにしたといわれる。たしかに柱などを見ると、樹木や葉のようだ。天蓋の下で宙を舞う十字架のキリスト像もユニークで面白い。

しかし、サグラダ・ファミリアはまだ完成していない。ガウディ没後１００年の２０２６年に完成予定だが、あと50年かかるともいわれている。

サグラダ・ファミリアのモチーフは「自然」。ガウディはスペインの聖なる山モンセラットからインスピレーションを得たという

✝サグラダ・ファミリアの内部構造

葡萄で縁取られた天蓋の下で、十字架のイエス像が宙を舞っている

デザイン・色彩とも近未来的なステンドグラスだが、その光はどこか温かいイメージを感じさせる

樹木や葉のように見える柱から、モチーフの自然が感じられる

COLUMN

ガウディの作品たち

バルセロナにはガウディが設計した建築物があふれている。彼のデザインの特徴の一つである「曲線」が強調されているのがカサ・ミラ[右]だ。外観は地中海の波をモチーフにしており、直線部分がまったくないつくりになっている。

聖墳墓教会

イエスの処刑地・ゴルゴタの丘の上に建つ唯一無二の聖地

建築様式
バシリカ、ロマネスク

宗派
カトリック、プロテスタントなど

完成 335年

所在地
イスラエル

複数の聖地が混在するエルサレム

ユダヤ教の聖地。ローマ軍の破壊を免れた現存唯一の神殿の遺構

イスラム教の聖地。預言者ムハンマドが昇天したと伝わる地に建つ

イエスはここで磔になった

イスラエルの首都エルサレムにはユダヤ教、キリスト教、イスラム教の三つの宗教の聖地がある。旧市街の東側にユダヤ教の聖地「嘆きの壁」があり、嘆きの壁のすぐ上にはイスラム教の聖地「岩のドーム」が建っている。そして旧市街のやや西側に鎮座しているのがキリスト教の聖地「聖墳墓教会」だ。

聖墳墓教会が聖地とされるゆえんは、ここがイエスが十字架の磔刑に処された場所、すなわちゴルゴタの丘と考えられている場所だからだ。

３２６年、キリスト教を公認したロ

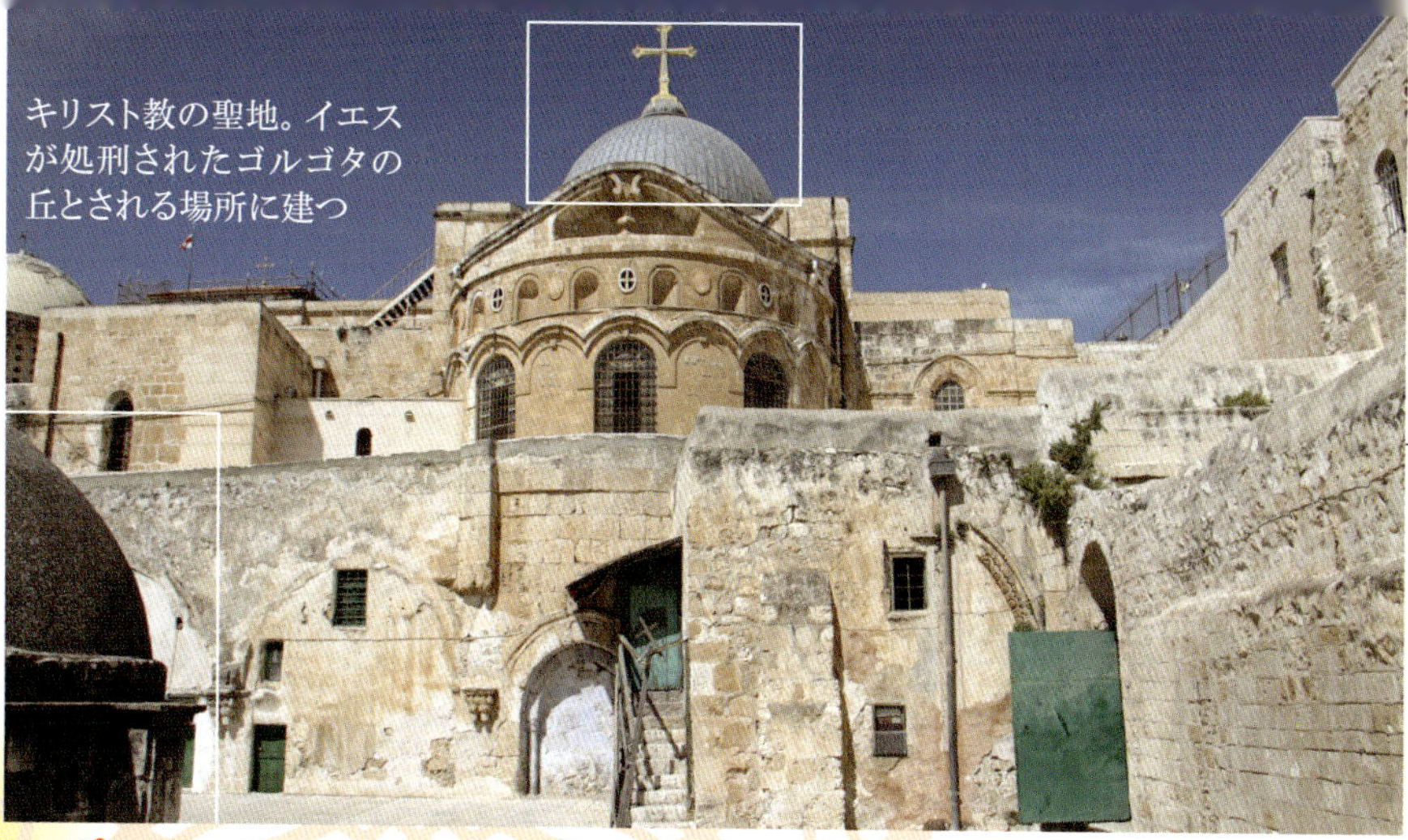

キリスト教の聖地。イエスが処刑されたゴルゴタの丘とされる場所に建つ

Zoom Up!

ドーム屋根

十字軍がつくったロマネスク様式の屋根。この下にイエスの墓がある

聖ヘレナ礼拝堂

イエスが磔になった十字架の発見者ヘレナ（コンスタンティヌス帝の母）を祀《まつ》る

ーマ皇帝コンスタンティヌス帝の母親ヘレナがエルサレムを訪れ、荒れ果てた地からイエスが磔になった十字架（聖十字架）などを発見し、ゴルゴタの丘の場所を特定した。その知らせを聞いたコンスタンティヌス帝が、エルサレムの地位を高めるために聖堂や礼拝堂を建てたという。

その後、異教徒との争いで焼失したり破壊されたりしたが、11世紀末、エルリレムを陥落させた十字軍により現在の聖墳墓教会の基礎が整えられた。

ドーム屋根は十字軍がつくったロマネスク様式で、その下にイエスの墓がある。入口を入ると、正面にイエスの遺体に香油を塗った「塗油の石」が置かれている。また、殉教聖堂の祭壇の下はゴルゴタの丘の岩肌になっている。

ヨーロッパの大聖堂と比べるとやや地味だが、唯一無二の重要な聖地だ。

イエスの墓（聖墳墓）
ここが聖墳墓教会の中心であり、キリスト教徒にとって最も重要な聖地の一つとされている

Check! 塗油の石

イエスの死後、遺体には香油が塗られた。写真の石板が塗り場

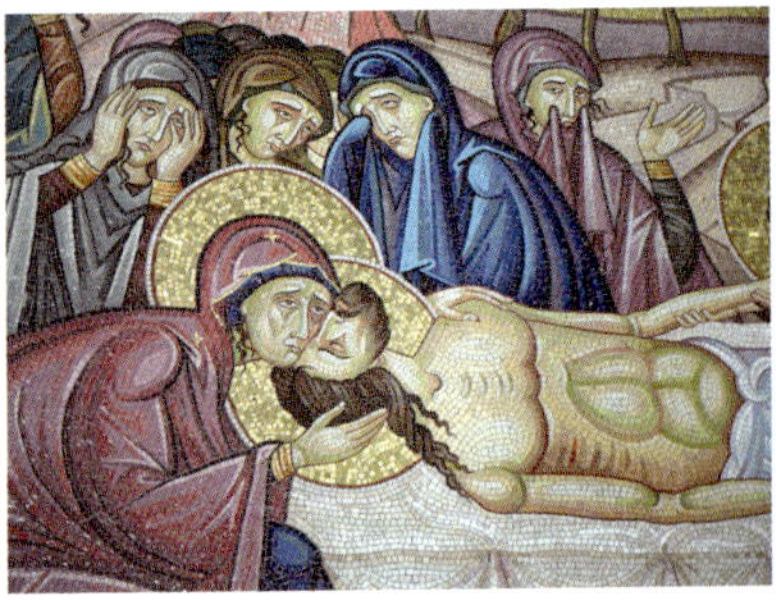

塗油の様子を描いたモザイク画。マグダラのマリアがイエスを抱いている

COLUMN

聖遺物とは何か？

イエスや聖母マリアの遺品として残されているものを「聖遺物」という。有名なのは聖十字架や聖骸布など。中世ヨーロッパでは奇跡をもたらすと信じられて崇拝対象となり、次々と発見された。その真偽は不明だが、今も各地にさまざまな聖遺物が残されている。

聖十字架

イエスが磔にされたときの真の十字架。4世紀、ヘレナがエルサレムで発見したが、その後、いくつかに分けられた。現在はヴァチカンのサン・ピエトロ大聖堂などに保管されており、聖墳墓教会には存在しない

聖顔布

イエスが十字架を背負って歩いているとき、聖女ヴェロニカがイエスの汗をぬぐうと、布に顔形が浮き上がった。そのときの布を聖顔布という

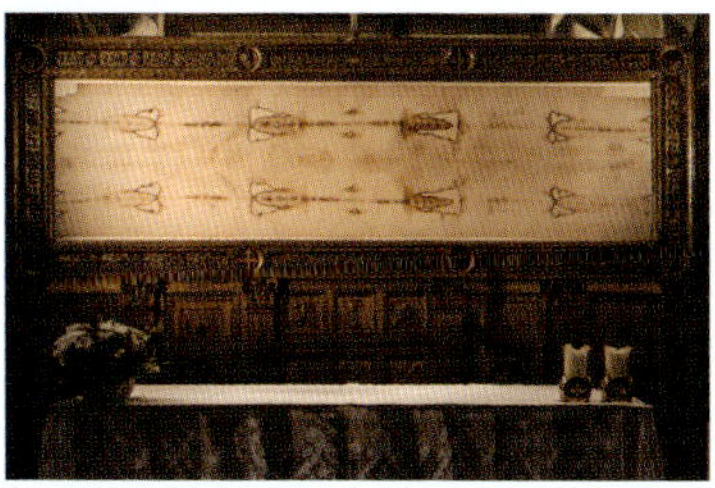

聖骸布

イエスが磔にされて息を引きとったあと、その遺骸を包んだと伝えられている亜麻布。［左］はイタリア・トリノの聖ヨハネ大聖堂に所蔵されている聖骸布で、中央にイエスらしき人の姿が浮かび上がっている

聖血

イエスの血。左の写真はベルギーの古都ブリュージュの教会に伝わる聖血。12世紀半ばの第2回十字軍遠征の際、フランドル伯爵がエルサレムから持ち帰ったものとされている

聖ヴァシーリー大聖堂

おとぎ話に登場しそうな色鮮やかな玉ねぎ形のドーム

建築様式
ビザンティン

宗派
ロシア正教

完成 1561年

所在地
ロシア

ここはおとぎ話の世界？

ロシアの首都モスクワの赤の広場には、おとぎ話にでも出てきそうな聖堂が建っている。聖ヴァシーリー大聖堂（正式名は聖ポクロフスキー大聖堂）だ。「雷帝」の異名をもつイヴァン4世が、カザン・ハン国をくだしたのを記念して1561年に建造した聖堂で、その名は彼に影響を与えたヴァシーリー修道士に由来している。

最大の特徴は「ねぎ坊主」と呼ばれる玉ねぎ形のドーム屋根だ。中央の主聖堂と、それを取り囲む八つの小聖堂のすべてにねぎ坊主がついている。このユニークな形については聖霊の活動を炎であらわしたとも、神の存在を火としてあらわしたとも、雪が積もらないようにするためともいわれており、真相はわからない。

それでも原色に近いエメラルドグリーンや青、白、そしてオレンジといった色鮮やかなねぎ坊主は、赤の広場周辺の豪奢な建築物のなかでもひときわ大きな存在感を放っている。

イヴァン4世もこの聖堂の美しさにはたいそうご満悦だったらしく、「これほど美しい建築物を二度とつくれないように」と、二人の設計者の目をくり貫いてしまったとの逸話が残っている。

COLUMN

聖なる愚者・ヴァシーリー

ヴァシーリー修道士は、修行のために完全な孤独を求め、路上で生活したり、正気を失ったふりをしたりしていた。そうしたことから「聖なる愚者」と呼ばれ、崇拝されるようになった。

玉ねぎ形のドーム屋根と鮮やかな色彩がじつに印象的な聖ヴァシーリー大聖堂。ロシア正教の教会堂や聖堂のなかで、最も美しい建築物だと評価されている

Zoom Up!

玉ねぎ形の屋根

「ねぎ坊主」と呼ばれるロシア正教独特のドーム屋根。聖霊の活動を炎であらわしたとも、神の存在を火としてあらわしたともいわれている

平面図

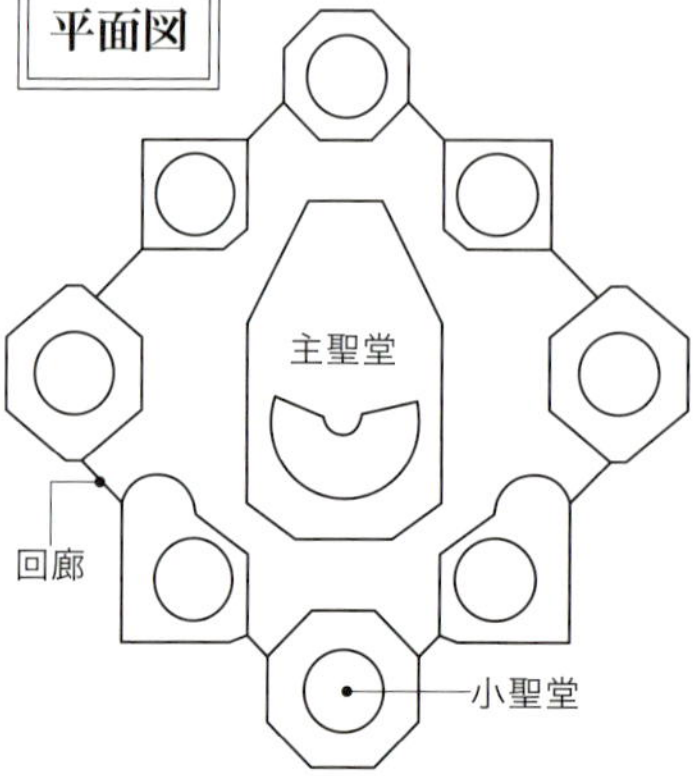

主聖堂を八つの小聖堂が取り囲み、小聖堂の祭室は回廊でつながっている

Check!

イコンの壁

東方正教といえばイコン。この聖堂内にもイコンがところ狭しと飾られている

Check!

夜の風景

聖ヴァシーリー大聖堂は日が暮れるとライトアップされ、昼間とは違った顔を見せる。じっと見ていると、本当に幻想世界のなかに迷い込んでしまったような気になってくる

キリスト教文化が根づいた長崎の教会たち

大浦天主堂と長崎の教会群

建築様式
ゴシック

宗派
カトリック

完成 1864年

所在地
日本

長崎は教会の町

日本にはじめてキリスト教が伝えられたのは、１５４９年のことだった。江戸時代には徳川幕府が出した禁教令によってキリスト教は弾圧されることになったが、幕末に鎖国が解かれると、横浜や長崎といった居留地の外国人のために教会堂の建設が許可された。

そうしたなか、１８６４年にフランス人の神父プチジャンが長崎に建立したのが大浦天主堂だ。

大浦天主堂の創建当時、日本人のキリスト教徒はいないと思われていた。だがプチジャンは日本人信徒を探すため、教会堂の前面にあえて日本語で「天主堂」と書いた。すると１８６５年3月、約２５０年も隠れて信仰を守り続けてきた日本人信徒が姿をあらわし、プチジャンに信仰を告白した。この歴史的事件を「信徒発見」という。

大浦天主堂以外にも、長崎には名だたる教会がたくさん存在する。新上五島《しんかみごとう》の頭ヶ島《かしらがしま》天主堂は西日本唯一の石造りの教会だ。重厚さを感じさせる外観と、柱を使わないハンマービーム工法の内部構造がよく知られている。設計したのは地元出身の建築家鉄川与助《てつかわよすけ》。彼は八角ドーム屋根をもつ平戸《ひらど》の田平《たびら》天主堂の設計者でもある。

生月島《いきつきしま》には山田教会が建っている。3万匹の蝶《ちょう》の羽でつくられた装飾画は一見の価値ありだ。

佐世保沖の小島に建つ黒島《くろしま》天主堂は、40万個の煉瓦を積み重ねたロマネスク建築。煉瓦はすべて島の信徒たちが積み上げたという。

このように長崎には歴史のある教会が多い。その歴史を伝えるため、県は教会群とキリスト教関連遺産を世界遺産に登録しようと積極的に動いている。

大浦天主堂。日本に現存する最古のキリスト教教会堂。最初は木造のバシリカ様式だったが、その後の増改築で現在のようなゴシック様式となった

©濱本政春

Zoom Up!

日本之聖母像

日本にたくさんの信徒がいたという「信徒発見」のニュースを伝え聞いたフランスの教会が、その記念に贈ってきたと伝えられている

天主堂の文字

創建当時は禁教のため外国人信徒しかいなかったが、もしかしたら存在するかもしれない日本人信徒へのメッセージとして日本語で書かれた

西日本で唯一の石造りの教会。内部も柱を使わないハンマービーム工法によって、広い空間を確保している

✝頭ヶ島天主堂

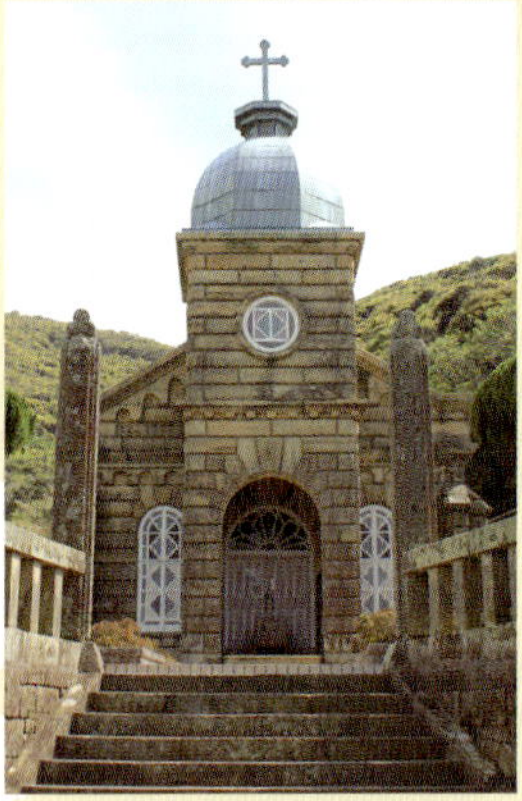

✝田平天主堂

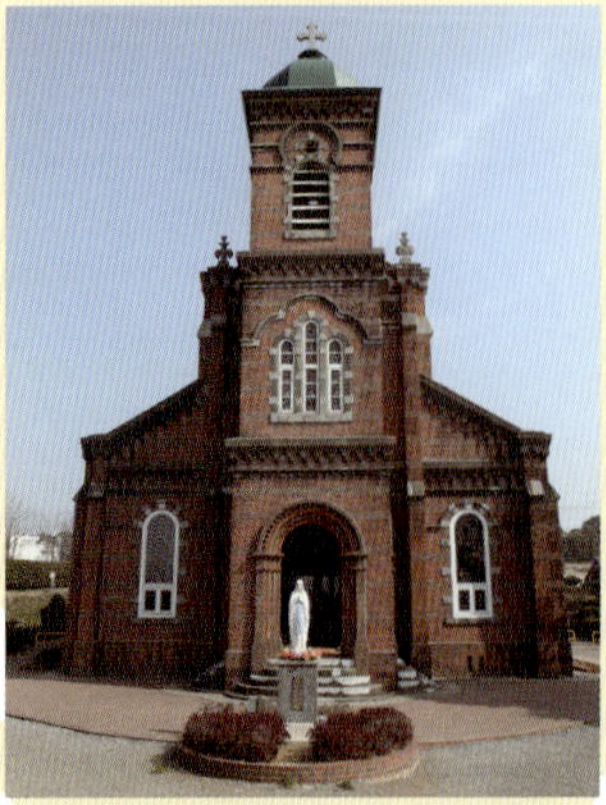

壁面に2色の煉瓦を使った煉瓦造りの教会。正面の鐘塔の八角ドーム屋根が印象的である

✝山田教会

蝶の羽で装飾されている絵。この絵をつくるのに、なんと3万匹もの蝶が使われたといわれている

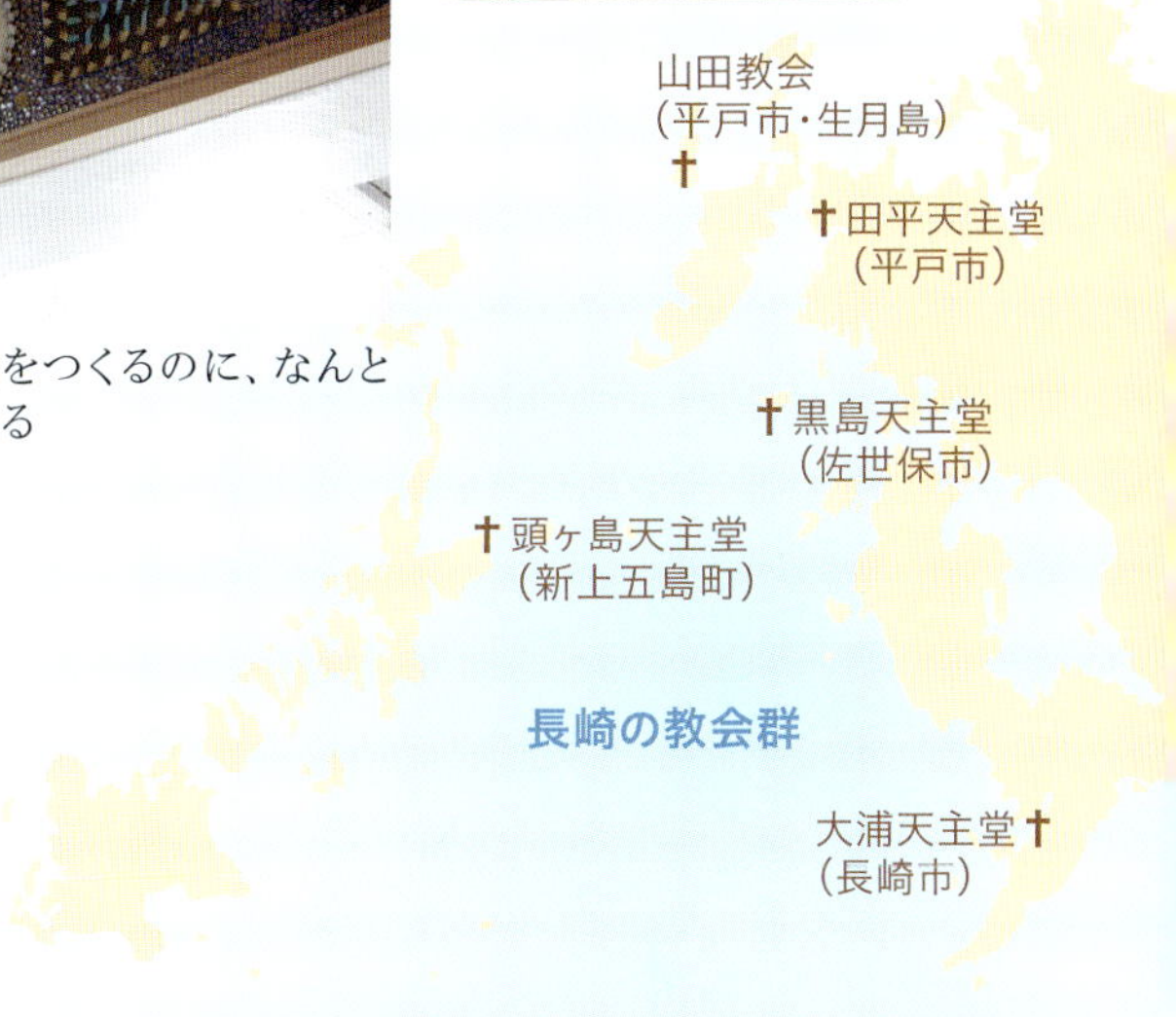

✝黒島天主堂

40万個の煉瓦を積み重ねたロマネスク様式の教会堂。内部はアーケードや高窓を備えた荘厳な装飾が施されている

淡いピンク味を帯びた白い大理石が外観に華やかさを与えている。こうした色彩はドイツやフランスのゴシック建築ではあまり見られない

ミラノ大聖堂

多数の尖塔を有する世界最大級のゴシック建築

建築様式
ゴシック

宗派
カトリック

完成 1813年

所在地
イタリア

ミラノの街のシンボル

最先端のファッションの街として知られるイタリア・ミラノ。この街のシンボルがミラノ大聖堂である。

14世紀末、ミラノ公国の君主ヴィスコンティが後継ぎの男児出生を願い、聖母マリアに捧げる大聖堂の建設を開始。有能な建築家の不在、度重なる戦火などのために何度も中断したが、19世紀初頭にナポレオンが完成させた。

サン・ピエトロ大聖堂（→88P）を目指してつくられたミラノ大聖堂は、全長１４８ｍ、幅87ｍ、高さ１０８ｍ、床面積１万１７００㎡を誇る。ゴシック

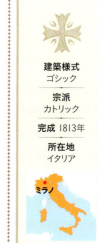

建築としては世界最大級の規模だ。

135本の尖塔、2245体の彫刻など、ゴシック様式の特徴を全面に押し出した造形になっているが、ピンク味を帯びた白の大理石の外観が、ドイツやフランスのゴシック建築とは違った華やかさを演出している。

Zoom Up!

林立する小尖塔

尖塔の数は全部で135本もあり、中央にある最も高い塔は108mに達する。この外装はナポレオンが完成させた

エレベーターや階段を使って屋上にのぼると、尖塔に施された金銀細工や彫像を間近に見ることができる

Check!

内部の装飾

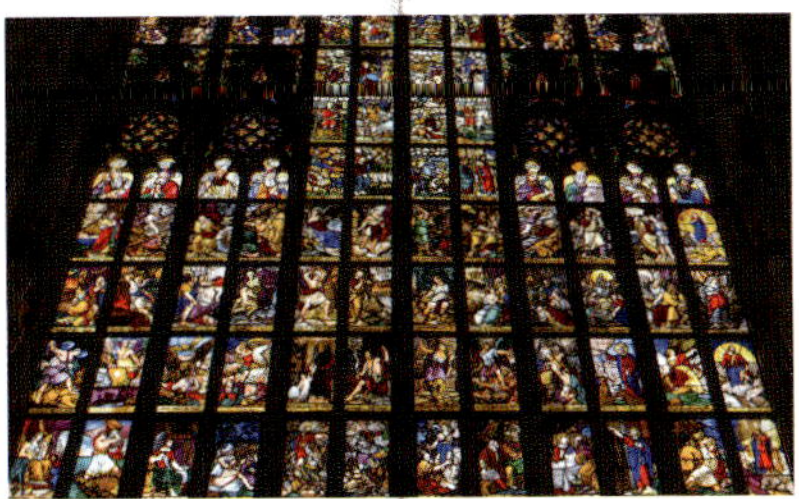

ステンドグラスや1万本のパイプを内蔵するオルガンなど、内部も見ごたえがある

花の都フィレンツェにつくられたルネサンス期の大傑作

サンタ・マリア・デル・フィオーレ大聖堂

建築様式 ルネサンス

宗派 カトリック

完成 1436年

所在地 イタリア

クーポラに隠された秘密

「花の都」と呼ばれるイタリア・フィレンツェは、かつてルネサンスの中心地として大いに栄えた。サンタ・マリア・デル・フィオーレ大聖堂は当時建造された大聖堂で、ルネサンス期の最高傑作の一つとされている。映画「冷静と情熱のあいだ」に登場したこともあり、日本での知名度も高い。

この大聖堂の見どころは、なんといっても赤いクーポラ(ドーム)だ。高さ107m、直径45mもある巨大なドームを、柱をいっさい使わずに力の均衡だけで支えているのである。

じつはこのクーポラには、画期的な工法が使われている。クーポラは非常に重く、通常の工法では落下してしまう。そこで建築家のブルネレスキは、古代ローマの建築技法をヒントにし、二重殻構造を考案した。クーポラの骨組を薄い外殻と厚い内殻の二重殻で覆うことによって、湿気を防ぐとともに荷重を軽減したのである。

ブルネレスキは14年かけてこの難工事を成功させ、フィレンツェに赤い花を咲かせた。

Zoom Up!

赤いクーポラ

頂塔
頂上に金の球と十字架がついている。金の球は小さく見えるが、直径6mもある

大きさ
直径45mの巨大なドームを、柱をいっさい使わずにかけている

展望台
463段の階段をのぼると展望台からフィレンツェの街を一望できる

Check!

二重殻構造

厚い内殻が薄い外殻を支える二重殻で骨組を覆い、巨人ドームを支えている

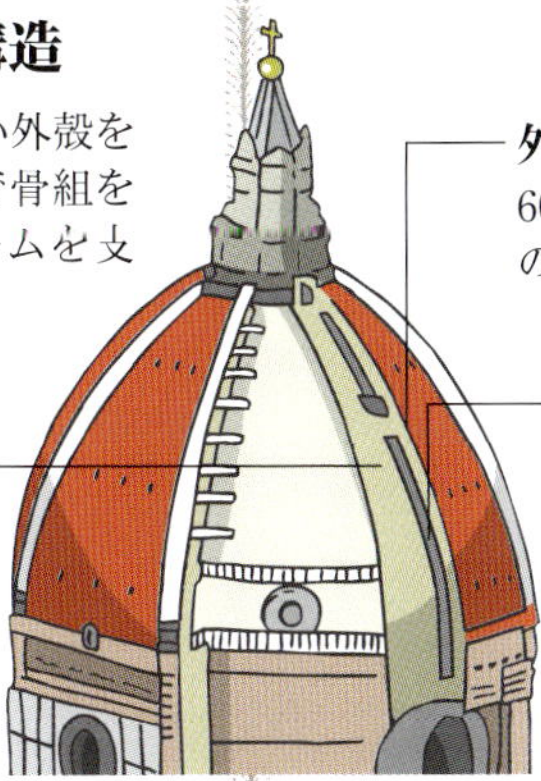

外殻
60cm（最上部）の薄い壁

通路
内殻と外殻の間に通路や階段が設けられている

内殻
2.1m（最下部）の厚い壁

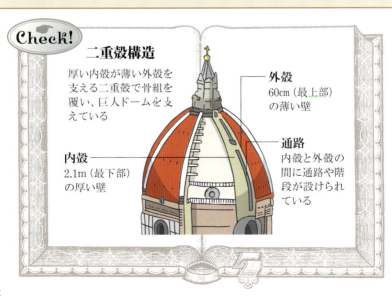

聖母マリアに捧げられたフランス・ゴシックの傑作

ノートルダム大聖堂

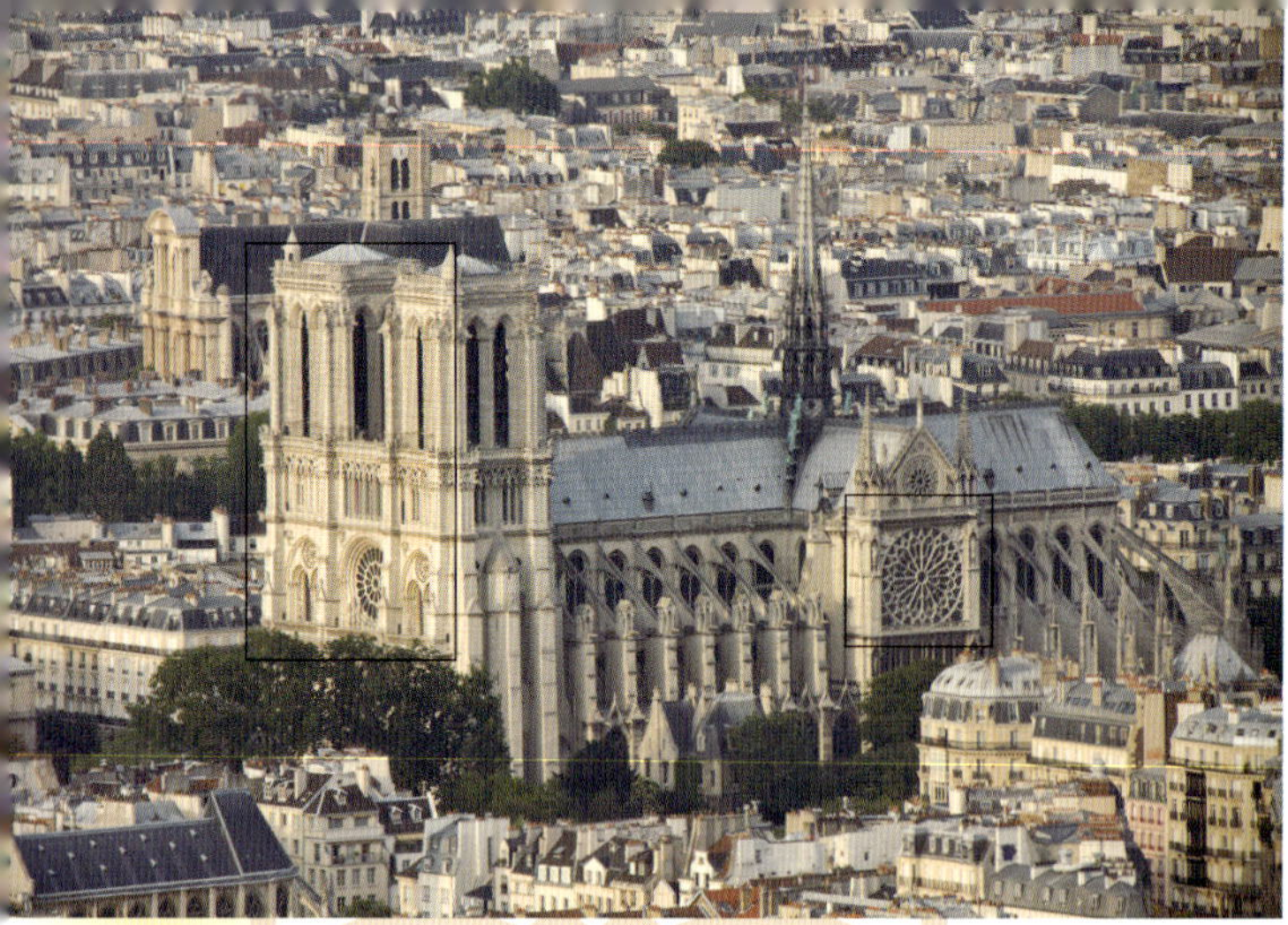

Zoom Up!

南のバラ窓

丸い大きなバラ窓［右］を聖堂内から見ると、きらびやかなステンドグラス［左］で飾られている

建築様式 ゴシック

宗派 カトリック

完成 1345年

所在地 フランス

フランスを代表する大聖堂

ノートルダム大聖堂はフランス・パリの中心を流れるセーヌ川の中洲《なかす》シテ島にある。ノートルダムとはフランス語で「我らの貴婦人」（＝「聖母」）の意味で、つまりは聖母マリアに捧げられた大聖堂ということになる。

ゴシック建築の最高傑作と評されることからわかるように、その造形美は圧巻のひと言。とくに二つの塔、西側正面入口の「聖母マリアの戴冠」をはじめとした彫刻群、バラ窓は必見だ。

内部の装飾もステンドグラスやレリーフなど見どころが多い。

Zoom Up!

西側正面

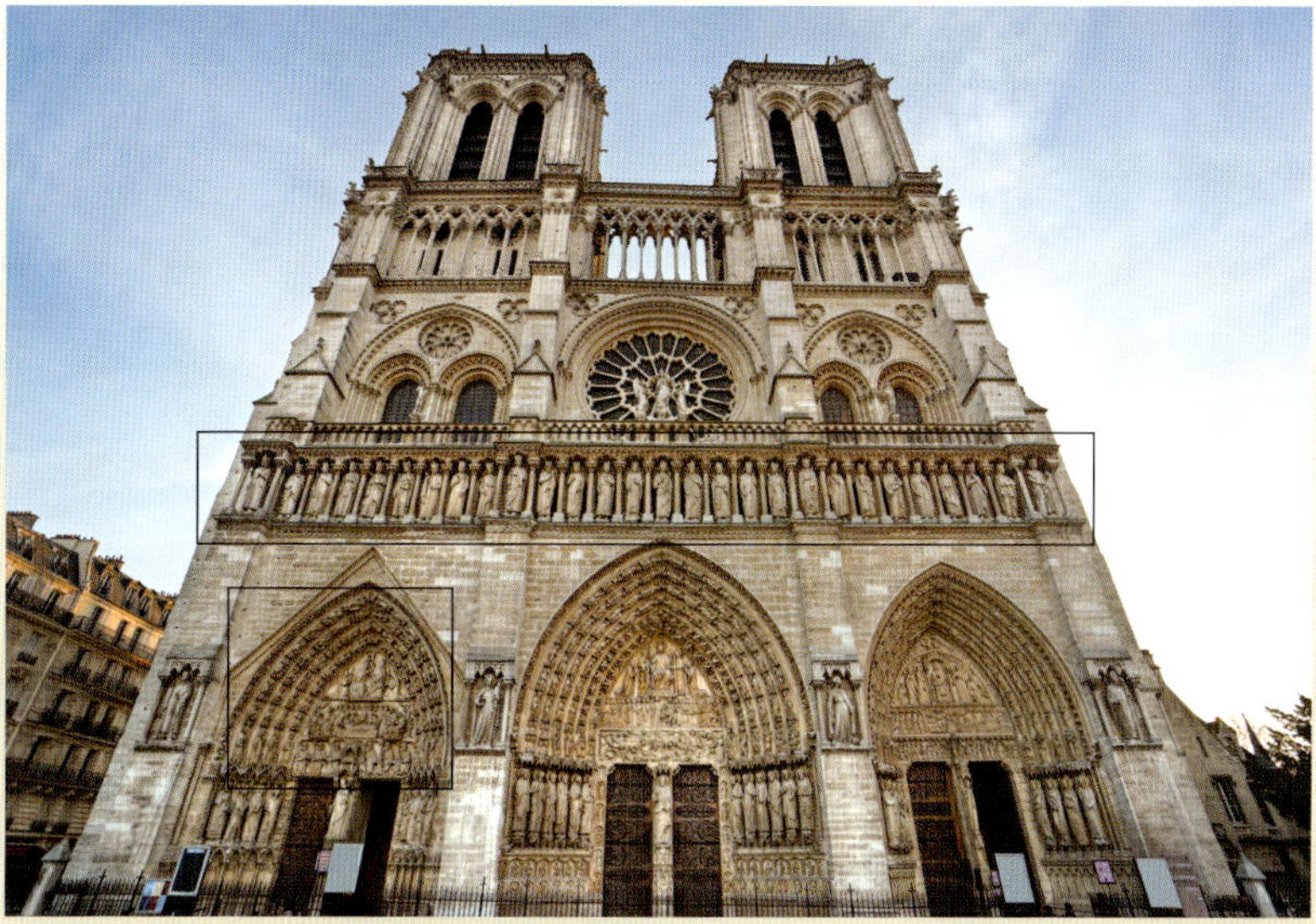

聖母マリアの戴冠の様子が描かれた彫刻

三つの扉口の上には歴代国王の像が並ぶ

COLUMN

大聖堂を再興した二人

ノートルダム大聖堂は18世紀後半以降、革命の波にのまれ、すっかり寂れてしまった。だが、19世紀初頭にナポレオンがここで戴冠式[右]を実施。さらに作家ユゴーが小説のなかに大聖堂を描いたことで人々の関心が集まると、再建工事が実施され、息を吹き返すことになった。

聖誕教会

イエス生誕の地に建つ現存最古の教会

内部はカトリックなど複数の宗派が分割管理している。この正面祭壇はギリシア正教の管理区域だ

建築様式
バシリカ

宗派
複数宗派の分割管理

完成 326年

所在地
パレスチナ自治区

イエスはここで生まれた

イエスの磔刑の地に建つのが聖墳墓教会（→100P）なら、生誕の地に建つのは聖誕教会だ。

聖書によると、聖母マリアはイエスの誕生時に宿に泊まることができず、洞窟でイエスを産み、飼《か》い葉桶《ばおけ》に寝かせたという。聖誕教会はその洞窟の上に建てられた。現在は飼い葉桶があった場所に穴が開けられ、イエスの誕生を知らせたベツレヘムの星に由来する銀の星形プレートが埋め込まれている。

ベツレヘムはイスラエルとの争いの場になることもあるが、クリスマスの儀式には世界中から信徒が集まる。

Check!

イエス生誕の地

穴が開いているところに、イエスを寝かせた飼い葉桶が置かれていたと伝えられている

history

戦乱の傷跡

パレスチナは十字軍の遠征をはじめ、たびたび戦乱の舞台となってきた。そのため聖誕教会は高い防壁[左]で囲われ、入口[右]も一人ずつしか入れないようになっている

奇岩のなかにつくられた小さな教会群

カッパドキアの岩窟教会

建築様式
ビザンティン

宗派
東方正教

完成 6〜13世紀

所在地
トルコ

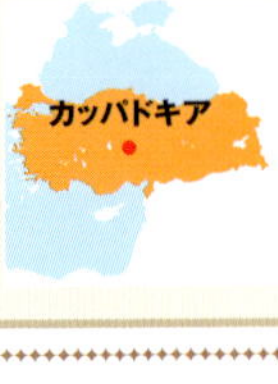

この荒涼とした大地の上で、かつて多くのキリスト教徒が暮らしていた

地下にまで教会堂が！

トルコ中部のカッパドキアには、トンガリ帽子やキノコのような奇妙な形の岩が林立している。まさに「奇観」という言葉がぴったりの場所だ。この場所に、かつてキリスト教の教会堂が多数存在していた。

3世紀中頃から4世紀はじめ、ヨーロッパではローマ帝国がキリスト教徒を迫害しており、その難を逃れたキリスト教徒がカッパドキアの岩山に住居を構えて暮らしはじめた。

彼らは凝灰岩を掘って自分たちの住居をつくり、それからノミを使って岩

✝地下都市の構造

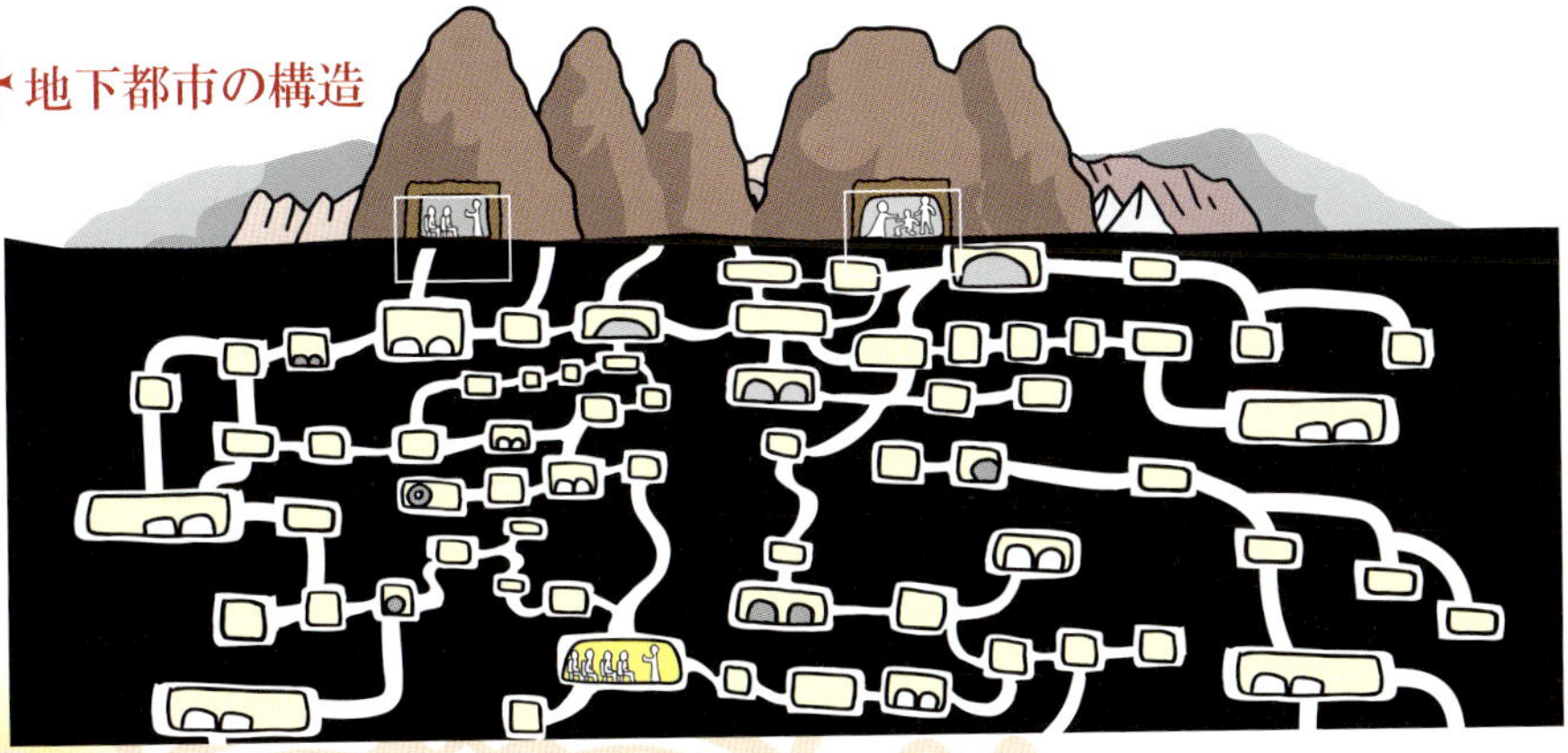

Zoom Up!

小さな岩窟教会。最盛期には、こうした教会が1000以上あったといわれる

岩窟の壁に描かれたフレスコ画。顔や目を削られているものが多い

窟内にビザンティン様式の丸い天井をもつ教会堂をつくった。そして粗い岩の壁にフレスコ画の手法で極彩色の聖画をいくつも描いたのである。

　カッパドキアのキリスト教徒は、やがて地下都市を建設する。地面を掘り起こして小部屋をいくつもつくり、教会をはじめ墓地、ワイン製造所などを設けてトンネルでつないだ。その結果、地下都市はどんどん巨大化。最深部はなんと地下50m以上にもなったという。

　こうした地下都市が建設された理由は、安全と考えられていたカッパドキアにも迫害の手が迫ってきたからだ。

　その後、カッパドキアではイスラム教が栄え、キリスト教徒は追いやられてしまう。岩窟の壁に残っているフレスコ画には顔や目が削られているものが多い。それは、イスラム教徒に削られたからだといわれている。

フランスの影響が垣間見えるイギリスのゴシック寺院

ウエストミンスター寺院

建築様式
ゴシック

宗派
英国国教会

完成 1090年

所在地
イギリス

英国王室御用達の教会

イギリス・ロンドン市内を流れるテムズ川沿いに、全長２６５ｍもあるウエストミンスター宮殿が建っている。かつては歴代国王の宮殿として使われ、現在は国会議事堂になっている建物だ。

　そしてその宮殿の裏手に、歴代国王が戴冠式を行ってきたイギリスを代表する教会が存在する。ウエストミンスター寺院である。

　二つの塔が印象的なゴシック様式の寺院だが、11世紀にエドワード懺悔王《ざんげおう》が建設したときにはロマネスク様式で、13世紀後半にゴシック様式に変化した。当時の国王ヘンリー3世はゴシック建築が大の好みで、フランスの大聖堂を手本に大改築を行った。

　その結果、今日のような姿に変化したのである。

　高い天井や縦長の窓、ステンドグラスをバラの形にあしらった巨大な丸窓などを見ると、たしかにフランス・ゴシックの影響がうかがえる。

　また、大理石の棺が置かれたエドワード懺悔王の礼拝堂、ヘンリー7世の礼拝堂や墓もたいへん美しい。ここは歴代国王の戴冠式の場であると同時に、墓でもある。そのため、礼拝堂や墓の建設に力が注がれたのである。

history

盛大な戴冠式

11世紀後半のウィリアム1世から、イギリス国王の戴冠式はウエストミンスター寺院で行われるようになった。1821年のジョージ4世の戴冠式の様子［右］を見ると、その盛大さがうかがえる。この寺院での戴冠式は今なお続いている。

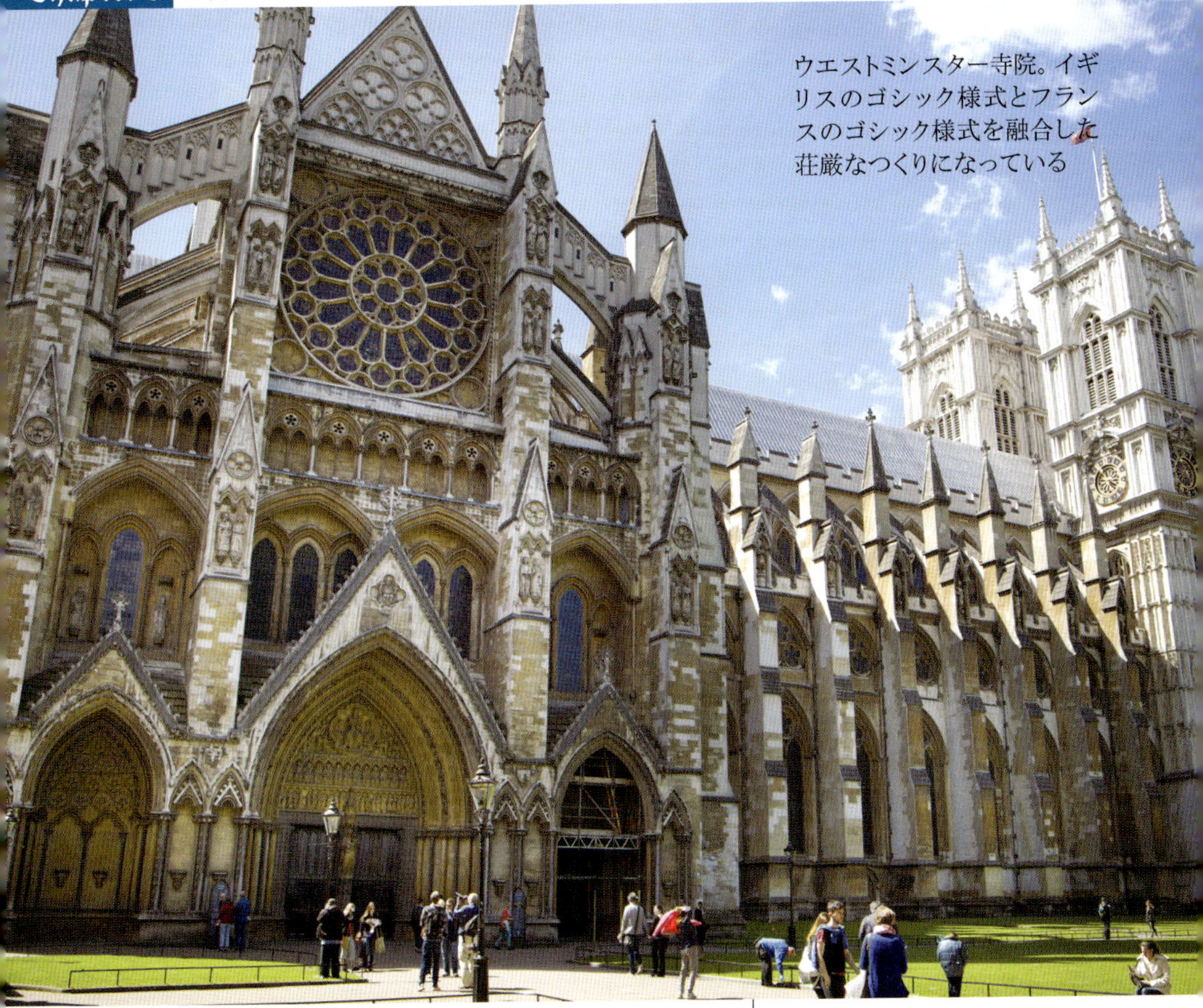

ウエストミンスター寺院。イギリスのゴシック様式とフランスのゴシック様式を融合した荘厳なつくりになっている

テムズ川沿いに建つ全長265mのウエストミンスター宮殿。左側の高い塔がヴィクトリアタワー、右側の時計台がビッグベンで、ウエストミンスター寺院は宮殿の裏手に位置している

昭和の巨匠による鉄筋コンクリートの芸術

東京カテドラル聖マリア大聖堂

建築様式
モダニズム

宗派
カトリック

完成 1964年

所在地
日本

ステンレス・スチールの外装がまばゆいばかりに輝く

Check! 上空から見ると……

イエスが両手を差し伸べているかのような十字架の形。十字架部分はガラス張りで、内部に美しい太陽光が差し込むしくみになっている

東京のキリスト教の象徴

羽を広げた鳥のようなファサード（建物正面）、ステンレス・スチールがまぶしい外装、そして上空から見ると美しい十字架が浮かび上がる東京カテドラル聖マリア大聖堂。昭和を代表する建築家丹下《たんげ》健三《けんぞう》が建てた大聖堂だ。

外観だけでなく、内部も見ごたえがある。天井まで約40ｍもあり、細いスリットから差し込む太陽の光が荘厳な雰囲気を醸し出す。また、2階に設置されたパイプオルガンは日本最大級で、美しい音色が高い天井に響き渡る。東京のキリスト教の象徴のような存在だ。

天井までは約40m。細いスリットから差し込む太陽の光が荘厳な雰囲気を醸し出す

COLUMN

安藤忠雄の光の教会

丹下健三と並び称される日本の建築家安藤忠雄。彼の代表作の一つが光の教会(茨木春日丘教会)だ。打ち放しのコンクリートでつくられた教会堂の内部に一歩足を踏み入れると、祭壇の背後のスリットから、あふれんばかりの光が流れ込み、「光の十字架」があらわれる。安藤ファンなら一度は訪れたい教会堂だ。

ネイティブ・アメリカンの伝統が息づく泥の教会

サン・フランシスコ・デ・アシス教会

建築様式
不詳

宗派
カトリック

完成 1810年代

所在地
アメリカ

正面から見ると、力強い印象を受ける

Zoom Up!

壁の足元

アドベ煉瓦は時間がたつと外側に向かって曲がってしまう。補正するにはアドベ煉瓦を積み重ねるしかないので、足元のボリュームが次第に増していく

アドベ煉瓦という魔法の建材

アメリカの教会堂というと、鉄筋コンクリートの現代建築をイメージするかも知れないが、サン・フランシスコ・デ・アシス教会は泥でできている。まるで大地からそのまま生まれ出たような巨大な泥の教会堂である。

アメリカ南西部に暮らす先住民プエブロは、ドロドロの土に麦わらを混ぜて固めた「アドベ煉瓦」で住居をつくる伝統をもっており、そのアドベ煉瓦で教会堂を建てた。

アドベ煉瓦には吸収した熱をゆっくり放出する性質があり、内部は涼しく

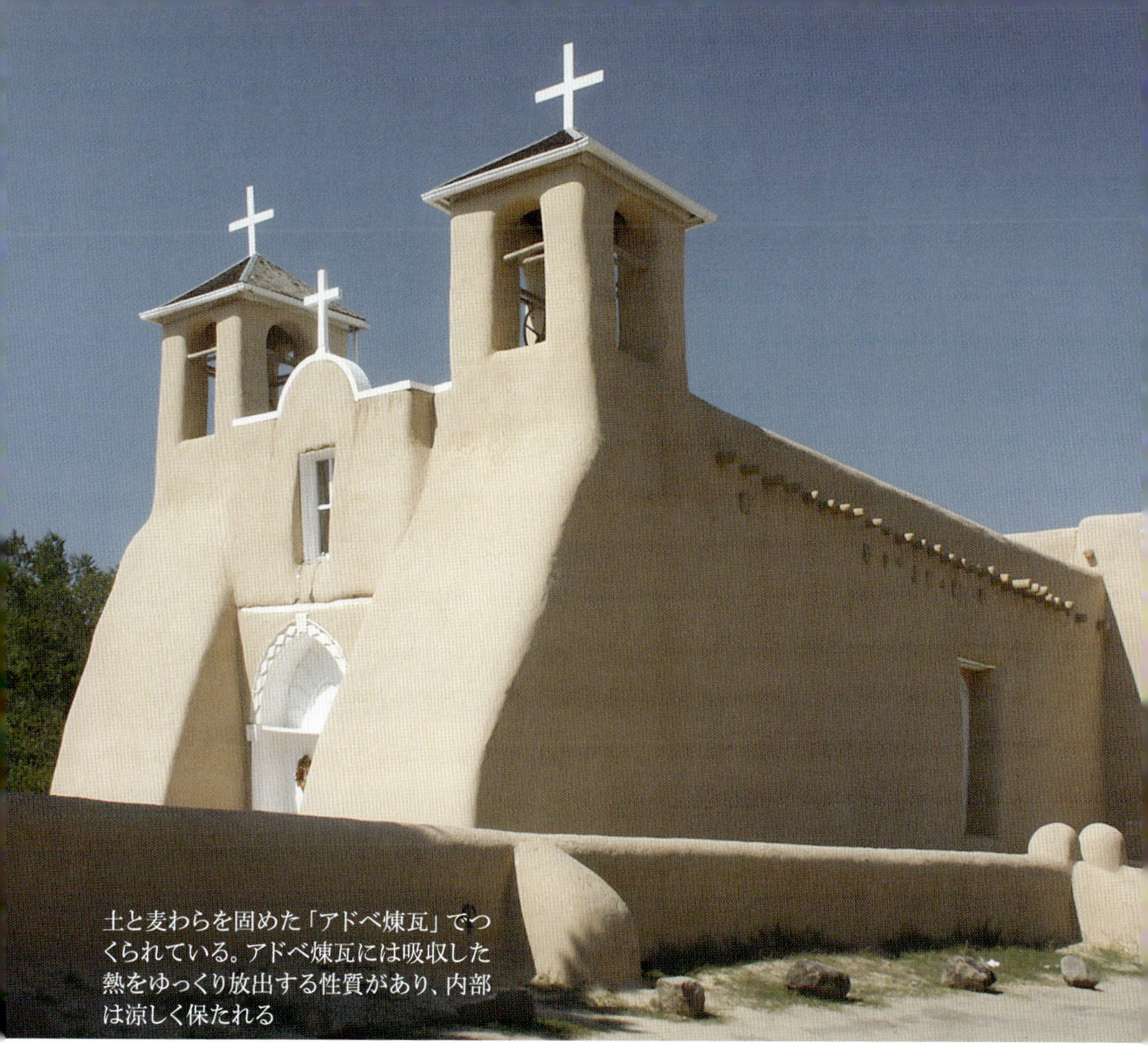

土と麦わらを固めた「アドベ煉瓦」でつくられている。アドベ煉瓦には吸収した熱をゆっくり放出する性質があり、内部は涼しく保たれる

保たれる。暑く乾燥したこの地方にぴったりの建材なのだ。

そんなプエブロが住むタオスの代表的な教会が、サン・フランシスコ・デ・アシス教会。大地に座るスフィンクスのような姿は、泥をベースにしているからこそ表現できるものである。

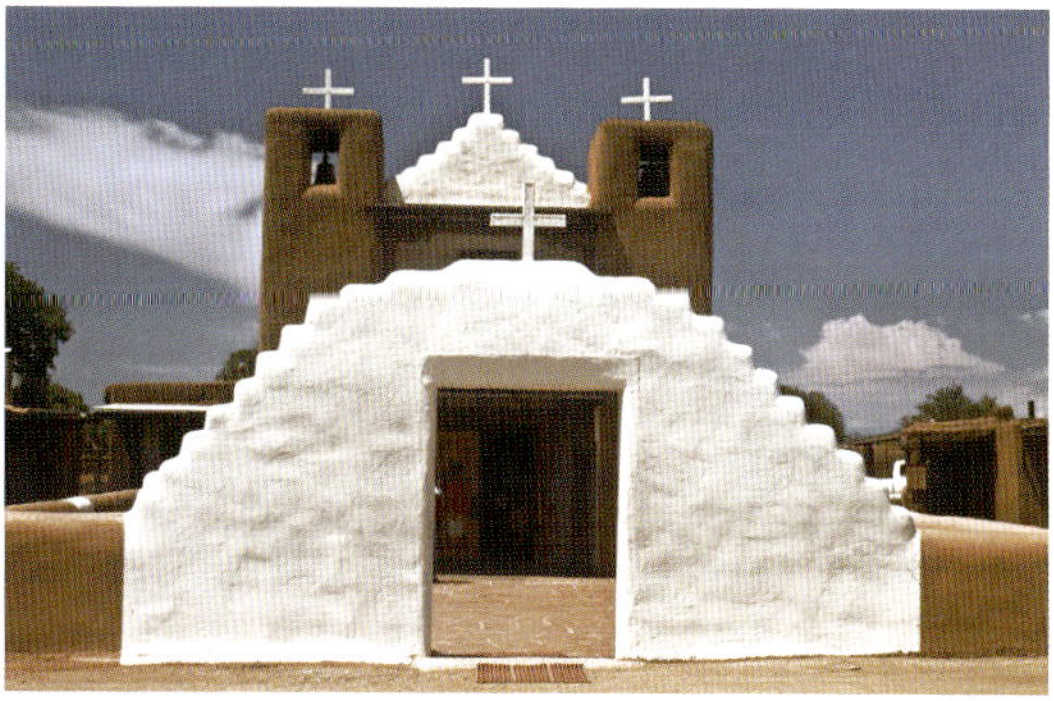

聖ジェローム教会

サン・フランシスコ・デ・アシス教会の近くにある。アドベ煉瓦の土色と角砂糖のような白のコントラストが鮮やか

Tea time 教会をより深く理解するために……

教会堂や大聖堂を設計した有名建築家

教会堂や大聖堂をつくる際、最も大きな役割を担ったのが建築家だ。教会建築をデザインする建築家の名前が表立って出るようになったのはルネサンス期のこと。イタリア・フィレンツェでサンタ・マリア・デル・フィオーレ大聖堂のドームをつくったブルネレスキをはじめ、サンタ・マリア・ノヴェッラ教会のファサードをデザインしたアルベルティ、サン・ジョルジョ・マッジョーレ聖堂を設計したパッラーディオなどが当時の代表的な建築家として知られている。

バロック期にはサン・カルロ・アッレ・クアトロ・フォンターネ聖堂を建てたボロミーニや、サン・ピエトロ大聖堂の大天蓋、サン・アンドレア・アル・クイリナーレ教会を設計したベルニーニが登場。二人はよきライバルとして競い合い、教会建築の興隆に大きく貢献した。

ルネサンス期に大活躍した建築家ブルネレスキ［左］とアルベルティ［右］

Chapter 4
魅力あふれる世界の教会・大聖堂

Chapter 3の14選に入らなかったなかにも、魅力あふれる教会・大聖堂はたくさんある。本章ではユニークで見どころ満載な教会・大聖堂を楽しもう。

ロシアの教会建築の基礎となった伝統ある聖堂

聖ソフィア大聖堂

金色の八角形ドーム屋根の周囲に、五つの緑色のドーム屋根が配されている

建築様式
ビザンティン

宗派
ウクライナ正教

完成 1037年

所在地
ウクライナ

シンメトリーに並ぶドーム

ロシアや東欧には「ねぎ坊主」と呼ばれる玉ねぎ形のドーム屋根をもつ教会が多い。ロシアの教会建築の基礎となった聖ソフィア大聖堂もその例に漏れず、複数のドーム屋根を有している。

大聖堂の中心に位置する八角形のドーム屋根は金色に輝き、その周囲を五つの緑のドーム屋根が取り囲む。左右対称のシンメトリーになっており、じつに美しい。内部には177種のガラス玉を300万個以上使って描かれた巨大なモザイク画「祈る聖母」などがあり、往時の栄華を今に伝えている。

22個もの玉ねぎ形ドーム屋根をもつ小島の教会

プレオブラジェンスカヤ教会

22個のドームは骨組に松材、外側の柿板《こけらいた》にヤマナラシ材などが用いられている。釘は1本も使われていない

建築様式
ビザンティン

宗派
ロシア正教

完成 1714年

所在地
ロシア

釘が一本も使われていない！

玉ねぎ形のドーム屋根が特徴的なロシアや東欧の教会堂のなかで、最も多くのドームをもつ教会堂の一つが、ロシア西端のキジ島に位置するプレオブラジェンスカヤ教会だ。

この教会堂のドーム屋根の数はなんと22個。ドーム屋根がいくつも積み重なったような異様な外観をしている。

さらに驚くべきことに、この教会堂は図面やスケッチなしで、しかも釘を一本も使うことなく建てられている。建築に携わった島の職人たちの技術力には敬服するばかりだ。

正面入口「栄光の門」には聖ヤコブをはじめとする200体もの聖人像が飾られている

巡礼路の終着点に建つロマネスク様式の最高傑作

サンティアゴ・デ・コンポステーラ大聖堂

建築様式 ロマネスク

宗派 カトリック

完成 1211年

所在地 スペイン

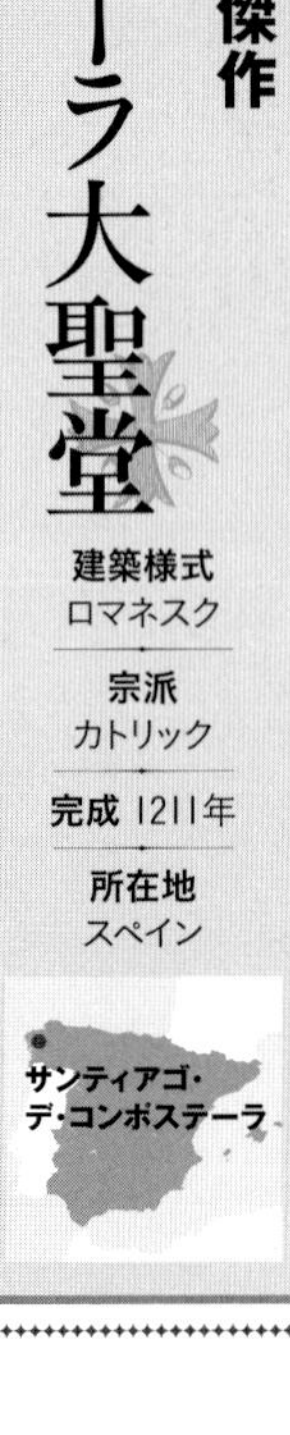

聖ヤコブの像がお出迎え

サンティアゴ・デ・コンポステーラ大聖堂は、エルサレム、ローマとともにキリスト教三大巡礼地の一つであるサンティアゴ・デ・コンポステーラ巡礼路の終着点に鎮座する。ロマネスク様式の最高傑作と評される大聖堂だ。

正面の「栄光の門」には、この地に眠る聖ヤコブの像をはじめとする200体もの聖人像が彫られており、世界中から訪れる巡礼者を迎え入れる。

また、巡礼者の体臭を緩和するために香炉を焚《た》く「ボタフメイロ」の儀式も見どころの一つだ。

キリスト教伝来の地に建つ英国国教会の総本山

カンタベリー大聖堂

建築様式
ゴシック

宗派
英国国教会

完成 597年

所在地
イギリス

基本的にはゴシック様式だが、再建工事が長引いたため、ロマネスク様式なども混在している

イギリス初のゴシック建築

カンタベリーは6世紀末にイギリスにはじめてキリスト教が伝わった地域で、そこには布教拠点として修道院が建設された。その修道院こそが、今や英国国教会の総本山となっているカンタベリー大聖堂のルーツだ。

１１７０年に大司教トマス・ベケットが暗殺され、その4年後には火災で大聖堂の内陣が焼失してしまった。だがその後、約５００年かけて再建工事を実施。工事を終えた大聖堂は三つの塔、尖頭アーチ、多くの窓をもつイギリス初のゴシック建築となった。

ロシア人の大司教が建立した日本正教会の総本山

ニコライ堂（東京復活大聖堂）

建築様式　ビザンティン

宗派　日本正教会

完成　1891年

所在地　日本

東京都千代田区・JR御茶ノ水駅近くに威風堂々としたたたずまいで鎮座する

［左］ニコライ堂の創建者である聖ニコライ。［右］ニコライ堂は東方正教の伝統を受け継いでいるため、「八端十字架」が用いられる

ドームは約35m

ニコライ堂は、正式には東京復活大聖堂という。「イイスス・ハリストス（イエス・キリストのギリシア語読み）の復活を記憶する聖堂」の意味だ。幕末に来日したロシア人の聖ニコライによって創建され、現在は日本正教会の総本山となっている。

建築様式はビザンティン様式を基本とし、高さ約35mのドームをもつ。この様式では日本最大級の聖堂だ。ただイギリス人のコンドルが工事を監督したからか、所々にイギリス風のロマネスク様式やルネサンス様式が見られる。

八角形の鐘塔に吊るされている鐘の音から「ガンガン寺」の愛称をもつ

白壁と緑青のドーム屋根が印象的な函館のシンボル

函館ハリストス正教会

建築様式
ビザンティン

宗派
日本正教会

完成 1860年

所在地
日本

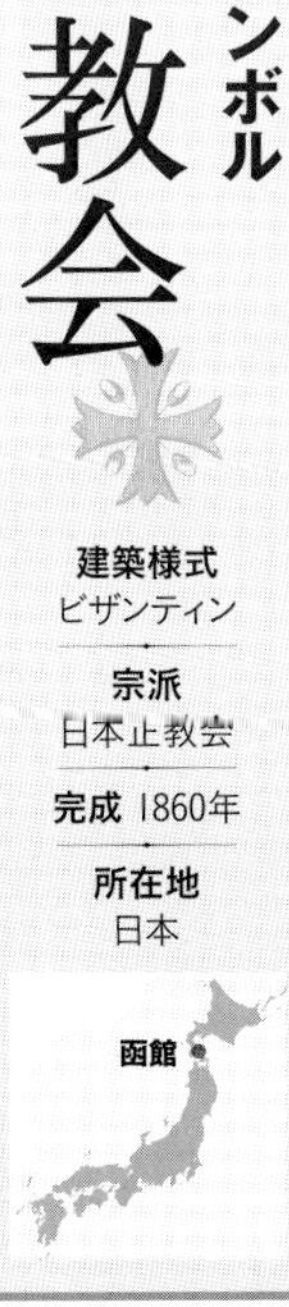

日本正教会の代表格

朝夕に鳴る鐘の音から、「ガンガン寺」の名で親しまれているのが函館ハリストス正教会だ。

東京のニコライ堂と同じ日本正教会の教会で、白壁と緑青のドーム屋根がロシア風のビザンティン様式の特徴をよくあらわしている。内部の壁がイコンで装飾されている点も、この様式ならではだ。

四季を通じて多くの観光客を集めているが、冬の夜、真っ白な雪のなかでライトアップされた光景はじつに美しく、言葉を失うほどである。

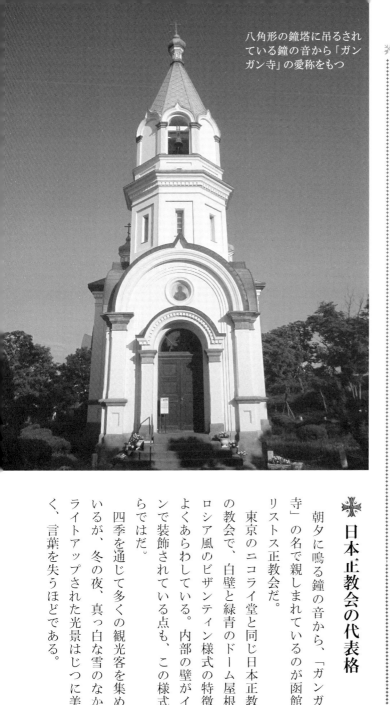

現在は宗教施設ではなく、博物館になっている

ドーム屋根とモザイク画が美しいビザンティン芸術の最高峰

ハギア・ソフィア大聖堂

建築様式
ビザンティン

宗派
東方正教

完成 360年

所在地
トルコ

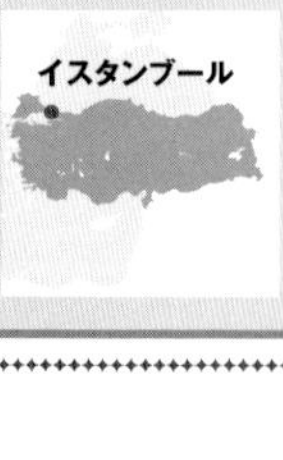

外観・内観とも見どころ満載

ハギア・ソフィア大聖堂は、東ローマ（ビザンティン）帝国において最も格式が高かった大聖堂である。

３６０年、コンスタンティウス２世によって建造されたあと二度焼失したが、５３７年にユスティニアヌス帝が再建。帝国滅亡後の１４５３年にはイスラム教のモスクに転用され、現在は博物館となっている。

中空に吊り下げられたような巨大なドーム屋根がじつに素晴らしい。「聖母子のモザイク」をはじめとする内部のモザイク画も必見だ。

聖堂内部には木の丸太柱が林立しており、他のキリスト教建築とは一線を画す

正面の外観。やはり、どことなくアジアの雰囲気が感じられる

まるで仏教寺院のようなアジアのカトリック教会

ファットジェム大聖堂

建築様式
ゴシック

宗派
カトリック

完成 1891年

所在地
ベトナム

キリスト教と仏教の折衷美

池に中の島、屋根は瓦屋根、階上には鐘と太鼓、内部には木の丸太柱……。ベトナムのファットジェム大聖堂は仏教寺院のようなつくりをしているが、正真正銘のキリスト教の聖堂だ。

　この大聖堂はフランス植民地時代に建てられた。しかし設計・工事を行ったのはフランス人ではなく、ベトナム人の司祭で、彼がトンキン湾のデルタ地帯から鉄木の巨木を集めて完成させた。西欧キリスト教文化とアジアの仏教文化とが折衷されて生まれた、なんとも珍しい大聖堂である。

過剰なまでの装飾が施されたウルトラ・バロック教会

バレンシアーナ聖堂

像は木製で、その上から金のペインティングが施されている

建築様式
バロック

宗派
カトリック

完成 1788年

所在地
メキシコ

バロックを超越する豪華さ

バロック様式といえば豪華な装飾が特徴の一つだが、「豪華」を通り越して過剰なほど装飾を施した「ウルトラ・バロック」という様式がある。その代表格がメキシコ中央部の都市グアナファトのバレンシアーナ聖堂だ。

グアナファトにはかつて世界有数の銀山があり、巨万の富がもたらされた。教会に集まった莫大な寄付金は教会堂の建築にもまわされ、その寄付金で豪《ごう》華《か》絢爛《けんらん》な教会堂が多数つくられたのだ。

バレンシアーナ聖堂の黄金に輝く主祭壇を見ると、当時の栄華が偲《しの》ばれる。

壁、天井、祭壇、すべてが金色に輝いており、まぶしいほど

金を惜しみなく使って建てた「黄金の教会」

サン・フランシスコ教会

建築様式 バロック
宗派 カトリック
完成 1587年
所在地 ブラジル

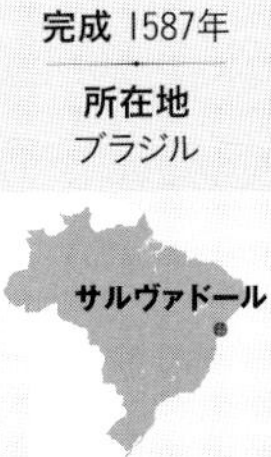

すべてが黄金に輝く

ブラジル北東部のサルヴァドールは、ポルトガル植民地時代の首都で、バロック様式の教会堂が至る所に建っている。そのなかで最も有名なのがサン・フランシスコ教会だ。

教会堂の内部に足を踏み入れると、目にまばゆいばかりの黄金が飛び込んでくる。壁も天井もすべてが金箔で覆い尽くされているのである。

とりわけすごいのが本堂の祭壇で、全面が金をふんだんに使った彫刻で埋め尽くされている。別名「黄金の教会」といわれるゆえんである。

岩窟のなかに彫られた十字架形の聖堂
聖ギオルギス教会

建築様式
不詳

宗派
エチオピア正教会

完成 12～13世紀

所在地
エチオピア

深さ12mのくぼみのなかに、一枚岩をくり貫いてつくられた

全体の形は十字架型。屋上部分にも十字架が彫られている

ラリベラは第二のエルサレム

エチオピア北部の町ラリベラには、岩盤をくり貫いてつくった教会群が残されている。12世紀末、この地の王が第二のエルサレムを目指して建造したものだ。その教会群と少し離れた、深さ約12mのくぼみのなかに建っているのが聖ギオルギス教会である。

この岩窟聖堂は巨大な一枚岩でできている。内部もくり貫き状態で、柱は一本もない。くぼみの上から見ると、十字架の形をしているのがわかる。保存状態がよいため、現在はエチオピア一有名な観光名所となっている。

掲載写真クレジット一覧

Chapter 1

サンタ・コスタンツァ教会　PPS通信社………………20P
サンタ・コスタンツァ教会　PPS通信社………………23P

Chapter 2

システィーナ礼拝堂のフレスコ画　富井義夫／アフロ………………68P
聖歌隊　Robert Harding／アフロ………………82P

Chapter 3

サン・ピエトロ大聖堂　SIME／アフロ………………88P
東方三博士の棺　PPS通信社………………95P
サグラダ・ファミリア　高田芳裕／アフロ………………96P
大浦天主堂　長崎県観光連盟／濱本政春………………109P
頭ヶ島天主堂（内観）　日暮雄一………………110P
田平天主堂　長崎県観光連盟………………110P
黒島天主堂（外観）　長崎県観光連盟………………111P
黒島天主堂（内観）　日暮雄一………………111P
山田教会　平戸観光協会………………111P
東京カテドラル聖マリア大聖堂　東京カテドラル聖マリア大聖堂………………124P

その他、協力：fotolia、photolibrary、shutterstock

【主な参考文献】左記の文献等を参考にさせていただきました。

『ゴシックとは何か』酒井健、『教会の怪物たち』尾形希和子、『キリスト教文化の常識』石黒マリーローズ、『オールカラー完全版 世界遺産』講談社編 PPS通信社写真 水村光男監、「週刊ユネスコ世界遺産」（以上、講談社）／『図説 キリスト教会建築の歴史』『図説 バロック』ともに中島智章、『図説 ロマネスクの教会堂』辻本敬子ほか、『最高に面白い時代 ルネサンスが2時間でわかる本』歴史の謎を探る会編、『図説 イエス・キリスト』河谷龍彦、『大聖堂物語』佐藤達生ほか（以上、河出書房新社）／『世界遺産の旅』（小学館）／『奇想遺産』鈴木博之ほか（新潮社）／『イスタンブールの大聖堂』浅野和生（中央公論新社）／『三省堂図解ライブラリー 中世の大聖堂』フィオーナ・マクドナルド（三省堂）／『キリスト教シンボル事典』ミシェル・フイエ、『中世イタリア絵画』フランソワーズ・ルロワ、『中世の芸術』グザヴィエ・バラル・イ・アルテ（以上、白水社）／『世界遺産をもっと楽しむための西洋建築入門』鈴木博之、『世界遺産』小林克己（ともにJTBパブリッシング）／『修道女スタイル』プロジェ・ド・ランディ（双葉社）／『キリスト教のとても大切な101の質問』J・H・クラウセン、『ヨーロッパ聖地巡礼』イアン・ブラッドリー、『世界の大聖堂・寺院・モスク』アンリ・スティルラン（以上、創元社）／『ふしぎで意外なキリスト教』岡田明憲ほか、『世界の美しい教会』月本昭男監、『キリスト教の本』（以上、学研パブリッシング）／『キリスト教歳時記』八木谷涼子（平凡社）／『ロンリープラネットの自由旅行ガイド ベトナム』ニック・レイほか（メディアファクトリー）／『カトリックの文化誌』谷泰（日本放送出版協会）／『一個人別冊 キリスト教入門』（KKベストセラーズ）／『図解 これだけは知っておきたいキリスト教』山我哲雄編著（洋泉社）／『カトリック〈シリーズ世界の宗教〉』スティーヴン・F・ブラウンほか（青土社）／『キリスト教とは何か。』ペン編集部編 池上英洋監（阪急コミュニケーションズ）／『絶対に行きたい！ 世界の教会101』アフロ（中経出版）／『教会建築を読み解く』デニス・R・マクナマラ（ガイアブックス）／『知っておきたい！ 教会の基本』（枻出版社）／『世界の名建築解剖図鑑』オーウェン・ホプキンス（エクスナレッジ）／『一冊でわかる キリスト教』船本弘毅監、『教会&チャペルウェディング完全ガイド』（ともに成美堂出版）／『建築学の基礎3 西洋建築史』桐敷真次郎（共立出版）／『増補新装［カラー版］西洋美術史』高階秀爾、『BSSアートガイド ステンドグラス』エリザベス・モリス（ともに美術出版社）／『教会建築』高橋保行ほか、『日本の教会堂』児島昭雄（ともに日本基督教団出版局）／『カトリックとプロテスタント』徳善義和ほか編、『「教会」の読み方』R・テイラー（ともに教文館）／『塔・人間・風景　西洋美術についての考察』川口正秋（牧野出版）／『図説 西洋建築史』陣内秀信ほか（彰国社）／『フランスの小さなお城に住む』井山登志夫（中央公論事業出版）／『聖者の事典』エリザベス・ハラム編（柏書房）／『［建築設計資料］36 教会建築』建築思潮研究所編（建築資料研究社）／『パイプオルガン』秋元道雄（ショパン）／『教会堂建築』田淵諭（新教出版社）／『ミサの物語』和田町子（日本評論社）／『歴史を旅するイタリアの世界遺産』武村陽子（山川出版社）／『イギリスの大聖堂』志子田光雄ほか（晶文社）／『図解雑学 聖書』関田寛雄監、『図解雑学 世界遺産建築の不思議』天井勝海監（ともにナツメ社）／『イスラエル 聖書と歴史ガイド』ミルトス編集部（ミルトス）／『大いなる遺産 長崎の教会』三沢博昭写真（智書房）／『よくわかるキリスト教の教派』今橋朗ほか（キリスト新聞社）／『フレッチャー 世界建築の歴史』ジョン・モスグローヴ編（西村書店）／『「銀街道」紀行』阿部修二（未知谷）

船本弘毅（ふなもと　ひろき）

1934年、静岡県生まれ。関西学院大学大学院修了、ニューヨーク・ユニオン神学大学大学院、スコットランド・セントアンドリュース大学大学院に留学。関西学院大学教授、南メソジスト大学客員教授、東京女子大学学長、東洋英和女学院院長などを歴任。現在は関西学院大学名誉教授、NHK「宗教の時間」講師を務めるほか、東京と大阪で連続聖書講座を担当。著書・監修書に『水平から垂直へ』（教文館）、『聖書の世界』『聖書大百科』（ともに創元社）、『イエスの譬話』（河出書房新社）、『一冊でわかる名画と聖書』（成美堂出版）、『図説 地図とあらすじで読む聖書』（青春出版社）など多数。

装幀　石川直美（カメガイ デザイン オフィス）
本文イラスト　前野コトブキ
本文デザイン　安田真奈己
本文地図作成　伊藤友広（美創）
編集協力　ロム・インターナショナル
編集　鈴木恵美（幻冬舎）

知識ゼロからの教会入門

2015年2月25日　第1刷発行

監修者　船本弘毅
発行人　見城 徹
編集人　福島広司

発行所　株式会社　幻冬舎
〒151-0051　東京都渋谷区千駄ヶ谷4-9-7
電話　03-5411-6211（編集）　03-5411-6222（営業）
振替　00120-8-767643
印刷・製本所　近代美術株式会社

検印廃止

ISBN978-4-344-90293-0 C2076
Printed in Japan
幻冬舎ホームページアドレス　http://www.gentosha.co.jp/
この本に関するご意見・ご感想をメールでお寄せいただく場合は、comment@gentosha.co.jp まで。